Ihr Hobby

Beagle

Jochen H. Eberhardt

Das Kapitel „Gesundheit“ wurde von Dr. med. vet. Peter Brehm, das Kapitel „Ernährung“ von Dipl. vet. med. Lutz Salomon verfaßt.

Foto: Isabelle Francais

Inhaltsverzeichnis

E-Mail: info@bede-verlag.de, Internet: www.bede-verlag.de
Konzept der Reihe „Ihr Hobby…“, Herstellung und Gestaltung: bede-Verlag

bede-Bestellnummer: HO 602
ISBN-10: 3-898 60-082-3
ISBN-13: 978-3-898 60-082-8

www.bede-verlag.de

Foto: Isabelle Francais

Vorwort

Wenn ich noch vor einigen Jahren mit meinen Beagles spazierenging, wurde ich oft von Passanten angesprochen und getröstet: "Die Ohren werden schon noch länger und der Rücken auch, es wird sicherlich noch ein richtiger Hush-Puppy-Hund!" Oder es wurde mir empfohlen: "Recht kräftig füttern, für einen jungen Bernhardiner ist er zu zart!"

Diese oder ähnliche Kommentare sind nun fast nicht mehr zu hören. Die meisten Menschen, von denen man als Beagle-Besitzer angesprochen wird, wissen schon, daß es ein Beagle ist, der sie freundlich anwedelt. Wie überall, wo diese liebenswerte Rasse einmal die Pfote zwischen die Tür gesetzt hat, ging diese Tür weit auf, und die Beagles eroberten die Herzen der Menschen. Mit der vermehrten Beagle-Haltung wurde aber der Wunsch nach mehr Information immer stärker. Diesem Wunsch wird mit dem vorliegenden Buch ausführlich nachgekommen.

Der Autor, Jochen H. Eberhardt, ist weit über die Grenzen Deutschlands hinaus als Beagle-Fachmann bekannt. Sowohl als Züchter – gemeinsam mit seiner engagierten Frau Silke – als auch als Formwertrichter und als Hundeführer auf der roten Fährte. Seine True-Line-Beagles haben im Ausstellungsring höchste Erfolge errungen und die Beagle-Zucht im gesamten deutschsprachigen Raum maßgeblich beeinflußt.

Die Beagles werden immer mehr Freunde finden, diese Entwicklung ist abzusehen. Daß dieses Buch im gleichen Ausmaß Verbreitung findet, wünsche ich mir. Es soll viele – nun informierte – Leser auf den Hund bringen. Aber auf einen ganz besonders netten Hund: Auf den Beagle!

Karl P. Reisinger

Langjähriger Präsident des Austrian Beagle Clubs, langjähriger Präsident des Österreichischen Kynologen-Verbandes (ÖKV) und Vizepräsident der Fédération Cynologique Internationale (FCI)

Foto: Isabelle Francais

Ausflug in die Vergangenheit

Über die Herkunft der Hunde ist viel geschrieben worden. Sicher ist, daß sie vom Wolf abstammen. Heute kennen wir etwa 360 deutlich unterscheidbare Rassen. Sie sind „Einzeltiere der gleichen Art, die sich durch den gemeinsamen Besitz bestimmter Eigenschaften von den anderen Artgenossen unterscheiden und diese Eigenschaften im allgemeinen auf ihre unter gleichen Bedingungen aufwachsenden Nachkommen vererben" (Kronacher). Heute werden die Rassen in Gruppen gegliedert, die nach Verwendungsmöglichkeiten des Hundes unterscheiden. Von mehreren Systemen teilt das gebräuchlichste in Schäfer- und Hirtenhunde, Wach-, Nutz- und Gebrauchshunde, Teckel, Terrier, Nordische Hunde u. Spitze, Lauf- u. Schweißhunde, Vorstehhunde, Stöber- u. Apportierhunde, Windhunde und Gesellschafts- u. Begleithunde.

Der Beagle gehört zur vermutlich ältesten Gruppe der Jagdhunde. Im Ursprungsland Großbritannien zählt er zur Gruppe der „hounds", die insgesamt sechzig verschiedene Rassen umfaßt, auch nichtbritische.

In Kontinentaleuropa zählt er zu den Laufhunden, und zwar zu denen für Niederwild. Auch wenn Beagle, Harrier, Foxhound, Bloodhound und der gerade vor dem Aussterben bewahrte Otterhound als klassisch britisch gelten, so haben sie doch alle Vorfahren in Frankreich, aus denen sie auf den Britischen Inseln gezüchtet wurden.

Die Geschichte der Rassehunde geht mit der allgemeinen Geschichte einher: Die aus Skandinavien, hauptsächlich Dänemark, stammenden Normannen, die ab 900 n. Chr. die Normandie besiedelten, unterwarfen nach 1066 auch die Britischen Inseln.

Erste farbige Abbildung von Beagles in einem Buch, in Sydenham T. Edwards „Cynographia Britannica" von 1800. Der links liegende Beagle hat die inzwischen verschwundene Fellfarbe, blue mottled (Bleu de Gascogne) Foto: Preugschat, Schloss Holte-Stuckenbrok

Sie brachten den hellfarbenen „norman“ oder „northern hound“ mit ungefähr 70 cm Schulterhöhe mit in die eroberten Gebiete.
Er war ein Abkömmling der seit dem 7. Jahrhundert von Mönchen in den belgischen Ardennen reingezüchteten bloodhoundähnlichen, aber kleineren, schwarzbraunen St. Hubertus-Hunde. Der Northern Hound wurde mit Greyhounds gekreuzt, um ihn für die Jagd auf Großwild schneller zu machen. Von ihm hat der heutige Beagle Ausdauer, Kraft und Schnelligkeit.

Die feine Nase jedoch, sein Findewillen und die unzähmbare Jagdpassion stammen vom anderen Vorvater, dem „southern hound“. Der kommt um 1400 aus der britischen Provinz im Süden Frankreichs, der Gascogne. Dort lebt noch heute eine Spätform dieses Vorvaters, der „Gascon-Saintongeois“.

Die Southern Hounds waren etwas größer als der heutige Deutsche Schäferhund, hatten viel lose Haut und einen recht schweren Kopf.
Ihre Farbe war entweder weißgrundig mit einer Vielzahl schwarzblauer Tupfen, großen schwarzen Platten und schwarzem Kopf, oder sie waren ganz schwarz mit lohfarbenen Abzeichen über den Augen und hatten einen lohfarbenen Fang. Die dunkle Farbe, zusammen mit viel Kehlwamme und schweren Knochen, läßt noch heute mitunter bei einzelnen Beagles die alte Abstammung erkennen. Der Southern Hound hatte eine ungemein feine Nase und auf der Wildfährte einen zuverlässig ertönenden, glockenähnlich tiefen und vollen Laut.

oben:
Grand Gascon Saintongeois
Foto: Isabelle Francais

links: Wareful, ein Southern Hound, Abbildung aus dem Jahr 1831
Archiv Autor

In der Kunstsammlung des niederländischen Dachverbandes befindet sich diese Bronze zweier Beagles. Foto: Jan Beefttink, Amsterdam

Als Wolf und Bär, das Jagdwild für den schnell hetzenden, starken Northern Hound oder „Talbot", seltener wurden, wurde das Wild zunehmend durch Verfolgen der Fährten aufgespürt.
Also wurden spätestens um 1400 der Southern Hound und der Talbot gekreuzt, um einen ausdauernden, schnellen, aber auf der Fährte passionierten, feinnasigen Hund zu erhalten. Es entstand der Urahn aller Beagles. Und er ist durch Auslese nur der besten Hunde für die Jagd entstanden.
Das Wort „Beagle", entweder aus dem altenglischen „begle", dem keltischen „beag" oder dem altfranzösischen „beigh", die sämtlich „klein" bedeuten, taucht in dem 1475 erschienen Buch „The Squire of Low Degree" erstmals auf. Seinerzeit galt dieser Begriff neben anderen als Sammelbezeichnung für alle kleinen Meutehunde.
Danach werden die Dokumente aus dem Bereich der britischen Monarchen zu den besten Quellen für unsere Rassegeschichte.
Von Heinrich VIII. (1509–1547) an über Elizabeth I. (1558–1603), die ihre Beagles herzlich liebte, geht eine fast ununterbrochene Linie bis heute durch das britische Herrscherhaus, das dem Sport mit Beagles stets zugeneigt war. Die Zucht und Haltung von Beaglemeuten nimmt erst um 1800 einen gewaltigen Aufschwung, als England so reich ist, daß sich nun nicht nur der Landadel, sondern auch das reiche Bürgertum das ehemals königliche Vergnügen, mitunter sogar mehrmals in der Woche hinter der Meute zu laufen, leisten konnte.
Nun trat der Ehrgeiz auf den Plan, nicht nur die am besten jagenden Hunde von allen, sondern auch die in Größe und Aussehen gleichmäßigste Meute zu haben. Die Beagles wurden nun einheitlich und ansehnlich.

Arthur Wandle war einer der bekanntesten Hundemaler Großbritanniens. Diese pastell dreier Beagleköpfe stammt etwa aus dem Jahr 1900.

Die erste Meute, die mit gemeinsamen Mitteln ihrer Förderer unterhalten wurde und noch heute besteht, ist das in der Nähe von Liverpool jagende „Royal Rock Pack“, gegründet 1845. Diese Meute begann mit sechs Hunden und hat heute ständig 40 Hunde.

Der Beagle Club Großbritannien wurde 1890 gegründet, als Sammelbecken für alle, die den Beagle anhand von gemeinsam festgelegten Rassekennzeichen fördern und verbessern wollten.

Die Meutehalter gründeten bald danach einen eigenen Verband und betreiben damit bis heute eigene Politik. Nach den USA wurden 1884 die ersten Beagles aus Großbritannien exportiert – sie stiegen 1959 zur Rasse mit der zweitgrößten Beliebtheit auf.

Auf dem europäischen Festland konnte der Beagle erst in den fünfziger Jahren in Frankreich, in den siebziger Jahren des 20. Jahrhunderts in der Bundesrepublik Deutschland, Österreich und der Schweiz Fuß fassen.

Im Jahr 1895 malte Maud Earl diese beiden Beagles. Seit 1920 befindet sich das Bild im Besitz des Kennel Club GB.

Foto: Isabelle Francais

Auch heute noch sind Beagles bei der Nasenarbeit ein begeisterndes Bild der Natur.. Foto: Andrea Ahlschläger

Das Erscheinungsbild

Das Erscheinungsbild aller Rassen ist von ihren Züchtern in den Anfängen der Rassegeschichte stets so beeinflußt worden, daß das Zuchtprodukt dem Zweck, dem es dienen sollte, möglichst vollkommen genügte. Der ursprüngliche Zweck des Beagle, gemeinsam mit anderen Beagles dem Hasen auf der Fährte zu folgen, ist heute noch in den Rassekennzeichen, die in ihrer Gesamtheit den Rassestandard bilden, deutlich abzulesen. Dieser Rassestandard ist im Mutterland der Rasse, Großbritannien, nach seiner ersten Aufstellung im Jahre 1890 mehrfach von einer Kommission von Rassekennern für den Verband der dortigen Rassehundezuchtvereine, den Kennel Club, zuletzt im Jahre 1986 revidiert worden.

Unser Dachverband, dem neben den europäischen die meisten südamerikanischen Länder angehören und der auch dem nordamerikanischen Dachverband, dem „American Kennel Club“, verbunden ist, hat diesen Standard als verbindlich anerkannt. Bei diesem Verband, der Fédération Cynologique Internationale (FCI), ist der englische Text als verbindlicher Standardtext Nummer 161d niedergelegt; die deutsche Fassung, die der Autor übersetzt hat, ist erstmals am 24.Juni 1987 und dann nur geringfügig revidiert am 24. Juli 2000 als offizieller deutscher Text für den Bereich der FCI anerkannt worden. Der Rassestandard ist eine Zusammenstellung der typischen Eigenschaften und Maßverhältnisse. Sie werden in Paarungen reinrassiger Beagles weitervererbt. Wie es jedoch keinen vollkommenen Menschen gibt, so lebt auch kein vollkommener Hund. Am Rassestandard gemessen, waren auch die berühmtesten Vererber der Vergangenheit ebenso fehlerhaft wie es die gegenwärtig bekanntesten Hunde sind. Die Unterschiede liegen im Grad der Fehlerhaftigkeit. Sind die Fehler gering, dann muß der Grad der Vollkommenheit des Charakter- und Erscheinungsbildes an der Ausgewogenheit der Einzelmerkmale gemessen werden.

Im nachstehenden Text ist der Originalwortlaut der Übersetzung des Rassestandards wiedergegeben. Danach folgen die notwendigen Erläuterungen. Die im Text wiedergegebene Abbildung des „idealen Beagle" bezeichnet die im Standard erwähnten Körperteile und Maßverhältnisse.

Beachten Sie aber bitte: Hunde sind als lebende Wesen nur bedingt meßbar. Jede Beurteilung erfolgt mit Hilfe der menschlichen Sinneswahrnehmung, muß also subjektiv bleiben. Der aus einer Vielzahl subjektiver Urteile ermittelte Durchschnitt jedoch kann anzeigen, wo ungefähr die objektive Wahrheit liegen mag.

Charakteristika

Ein fröhlicher Hund, dessen wesentliche Bestimmung es ist, zu jagen, vornehmlich Hasen, indem er der Spur folgt. Unerschrocken, äußerst lebhaft, mit Zähigkeit und Zielstrebigkeit. Aufgeweckt, intelligent und von ausgeglichenem Wesen.

CH. Way Tergy als vielversprechender Junghund. Foto: Manuela Rechtacek

Nicht zufällig ist die erste Charakterisierung die der ständig guten Laune; stets übellaunige Beagle sollte man sogar als im Wesen bedenklich und rasseuntypisch betrachten. Aber dazu später mehr. Ebenso wichtig, wenn nicht das Wichtigste überhaupt, ist der Vorrang der ursprünglichen Bestimmung unserer Hunde, die Jagd, insbesondere auf Hasen. Auch wenn der Beagle außerhalb der englischsprachigen Länder dieser Tätigkeit nur noch selten nachgehen kann, so muß sich doch alles am Beagle daran messen lassen, ob es dieser Grundbestimmung noch genügen könnte. Von diesem Grundsatz abzuweichen, hieße, eine neue Rasse schaffen zu wollen – kann jemand ernstlich so vermessen sein, es besser wissen zu wollen als Generationen passionierter Meutehundzüchter? Der übrige Text spricht in seiner Deutlichkeit für sich selbst.

Allgemeines Erscheinungsbild

Ein robuster, kompakter Hund, vermittelt den Eindruck von Qualität, ohne grob zu wirken.

Mit anderen Worten: Ein Athlet von edlem Körperbau. Ein Beagle, der geradewegs aus dem „Bodybuilding-Studio" zu kommen scheint, ist aber ebensowenig typisch wie ein sehnig-schlanker, größerer Typ, wie man ihn hierzulande häufig in Schleppjagd-Meuten sehen kann und der fast immer die zulässige Widerristhöhe überschreitet. Sicher ist aber die relative Kürze des Fangs, des Halses und der Läufe ebenso rassetypisch wie die trotzdem geforderte Eleganz der Umrißlinien, die erst den Eindruck von Adel vermittelt.

Körperteile und Maßverhältnisse beim Beagle

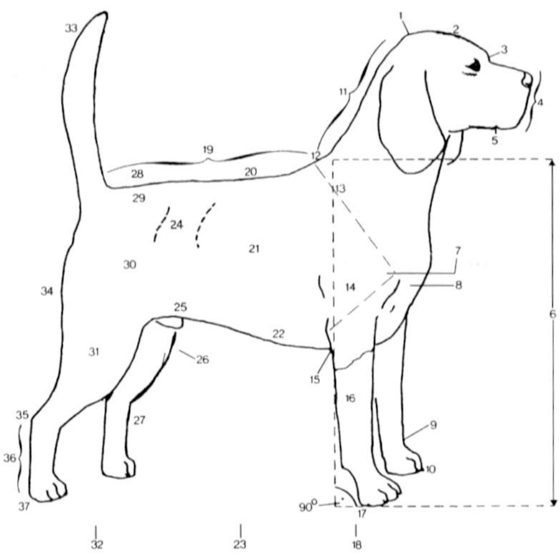

1 Hinterhauptbein
2 Oberkopf
3 Stirnabsatz (Stop)
4 Fang
5 Lefzen
6 Schulterhöhe
7 Buggelenk
8 Brustkiel
9 Vordermittelfuß
10 Vorderpfote mit Zehen
11 Nacken und Halslinie
12 Widerrist
13 Schulterblatt
14 Oberarm
15 Ellbogen
16 Vorderlauf
17 Pfotenballen
18 Vorhand
19 Rückenlinie
20 Rücken
21 Rippenkorb
22 Unterlinie, Bereich Rippenkorb
23 Rumpf, Mittelhand
24 Lende
25 Unterlinie, Bereich Lende
26 Kniegelenk
27 Sprunggelenk
28 Kruppe
29 Becken
30 Oberschenkel
31 Unterschenkel
32 Hinterhand
33 Rute
34 Hinterlauf
35 Sprunggelenkshöcker
36 Hintermittelfuß
37 Hinterpfote

Wesen

Liebenswürdig und aufgeweckt, ohne Anzeichen von Angriffslust oder Ängstlichkeit.

Interessant ist die Beschreibung der Liebenswürdigkeit; ein Beagle ist stets freundlich, also heckt er seine Streiche auch in aller Freundlichkeit aus und erwartet darauf auch eine freundliche Reaktion. Was mitunter eine erhebliche Selbstdisziplin des Besitzers erfordert. Aufgeweckt ist er: Ein müder oder träger Beagle, wenn er noch kein Veteran ist, hat meist Übergewicht oder lebt in einer reizarmen Umgebung. Die unerwünschte Angriffslust bezieht sich nicht nur auf die Mitglieder seiner sozialen Gruppe, also Menschenfamilie oder Mit-Hunde, sondern schreibt meines Erachtens auch das völlige Fehlen der Wildschärfe fest. Beagles stellen Raubwild, greifen es aber, auch wenn sie zu mehreren sind, selten an. Kleinwild hingegen, junge Vögel und Mäuse werden ohne Zögern verschlungen. Ängstlich sind Beagles jedoch hier ebensowenig wie dann, wenn sie völlig instinktsicher des Nachts verdächtige Gestalten anknurren oder verbellen.

Kopf und Schädel

Von mäßiger Länge, kraftvoll, ohne grob zu sein, feiner bei der Hündin, ohne Runzeln oder Falten am Kopf. Oberkopf leicht gewölbt, mäßig breit, mit sich leicht abzeichnendem Hinterhauptbein. Deutlich ausgeprägter Stop, der die Distanz zwischen Hinterhauptbein und Nasenspiegel möglichst genau halbiert. Fang nicht spitz, angemessene Belefzung. Nasenspiegel breit, vorzugsweise schwarz, jedoch ist bei helleren Hunden eine abgeschwächte Pigmentierung statthaft. Gut geöffnete Nasenlöcher.

Kopf und Gesichtsausdruck bestimmen nicht nur bei Menschen den ersten Eindruck. Bei Hunden ist dies ebenso.

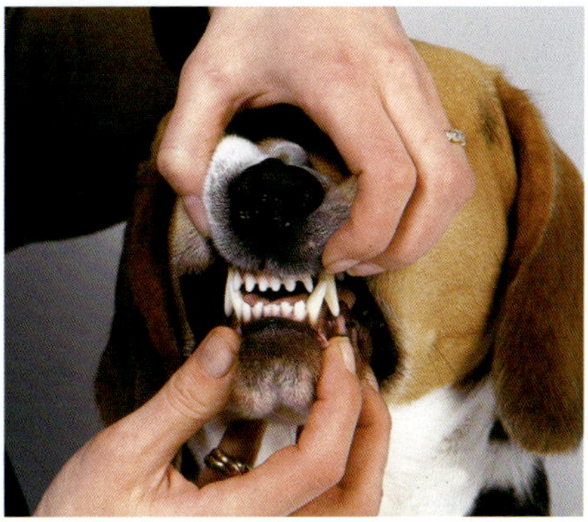

Beagles haben kräftige Zähne und meist korrekte und vollständige Gebisse. Foto: Isabelle Francais

Einem Beagle, der nicht den rassetypischen mild-freundlichen, gewinnenden Ausdruck hat, fehlt es an wichtigen Typmerkmalen. Das war schon immer so; bei der Beschreibung des Kopfes hat sich seit vielen Jahren nicht viel geändert; die Stirnfalten jedoch sind nun nur noch bei Welpen statthaft. Sie werden auch dort, wenngleich die Welpenbesucher gerade das immer putzig finden, von Züchtern nicht gerne gesehen.

Ein berühmter englischer Deckrüde aus den siebziger Jahren: Ch. Southcourt Wembury Merryboy. Ausdruck und Kopfproportionen sind auch heute noch mustergültig. Foto: Schneider, Karlsruhe

Typische Beagleköpfe finden Sie in nahezu allen Abbildungen dieses Buches, und sie zeigen, wieweit in sich korrekte Erscheinungsbilder voneinander abweichen können. Zu der Gestalt des Kopfes an sich aber führt Karl. P. Reisinger treffend aus: „Wenn im Standard steht, daß der Schädel etwas gewölbt sein soll, so bezieht sich diese Forderung selbstverständlich auf den Oberkopf. Die Wölbung darf natürlich nicht zu stark kuppelförmig sein, soll aber auch nicht zu flach erscheinen."

Die häufigsten Schwächen des nicht planmäßig auf einen idealen Kopftyp gezüchteten Beagles sind – von der Seite gesehen: nicht hinreichend hoher Fang, wenig Lefzen oder Lefzen, deren Randlinie mit der Linie des Nasenrückens einen erheblich kleineren Winkel (‚Fangschnittwinkel') bildet als den gewünschten, etwa rechtwinkligen von ca. 90 Grad. Dann finden sich häufig Hunde, bei denen der Fang „unter den Augen" nicht ausreichend ausgefüllt ist, sie wirken dort eingefallen.

Eine Weile war es Mode, Beagle mit kürzerem Fang zu züchten; glücklicherweise besinnen sich nun viele Züchter wieder auf die deutliche Vorgabe des Rassestandards für die Maßverhältnisse des Kopfes; es ist zu wünschen, dass auch die Zuchtrichter sich hier besinnen. Ebenso unausgewogen erscheinen Hunde mit breitem Oberkopf und kurzem, sich schnell verjüngendem Fang (Keilkopf), ihnen fehlt der erwünschte Adel in der Modellierung des Kopfes.

Nun noch ein Wort zur Nasenfarbe. Die „hellere Nase" darf nicht fleischfarben sein. Mitunter zeigen sich in einer sonst gut pigmentierten Nasenbeere unpigmentierte Partien unterschiedlicher Größe. Weil sich dies leicht auf die Nachkommen des Hundes vererbt, sollte dies bei einer Zuchtwert-Bewertung des Hundes, freilich in Abwägung der Bedeutung dieses Einzelmerkmals gegenüber der Gesamtqualität des Tieres, berücksichtigt werden.

Bei vielen Hunden, insbesondere zweifarbigen, schwankt die Färbung der Nase mit den Jahreszeiten, bei Hündinnen gar mit dem hormonellen Zyklus.

Augen

Dunkelbraun oder haselnußbraun, ziemlich groß, weder tiefliegend noch hervortretend, ziemlich weit voneinander eingesetzt, mit sanftem, gewinnendem Ausdruck.

Wirklich schwarze Augen sind unerwünscht, weil sie den rassetypisch freundlichen Ausdruck des Beagle verdüstern. Während tiefliegende Augen auch den Ausdruck beeinträchtigen, sind hervortretende Augen beim Jagdgebrauch stärker verletzungsgefährdet und daher unerwünscht. Mit zunehmendem Alter wird die Farbe der Iris oft dunkler.

Die Augenform ist grundsätzlich rundoval. Unpigmentierte Ränder des inneren, unteren, sogenannten dritten Augenlids lassen den Ausdruck etwas weniger bestimmt, sozusagen wässriger erscheinen, sind aber nach dem Standardtext nicht „strafbar". Abweichungen vom normalen, anliegenden Lidrandschluß jedoch sind mit weniger Toleranz zu betrachten, sie sind schlechthin anatomische, oder wie die FCI-Formwertdefinition formuliert, ‚morphologische' Fehler. Sie sind, weil funktional für einen Jagdhund höchst bedenklich, züchterisch drastisch zu bekämpfen. Zu kleine Augen oder ein Lidschnitt, der eine dreieckige Form ergibt, wirken terrierhaft und damit rasseuntypisch.

Behang

Lang, unten abgerundet. Wenn nach vorne gezogen, fast bis zum Nasenspiegel reichend, tief angesetzt, dünn, mit der Vorderkante anmutig an der Backe anliegend getragen.

Ohrenansatz und -länge tragen ganz wesentlich zum Ausdruck des Kopfes mit bei, daher sollte der Behang, wird die Fangoberkante parallel zur Standfläche gehalten, ungefähr in der waagerechten Verlängerungslinie des unteren hinteren Augenwinkels entspringen. Die Behänge sollten jedoch weder papierdünn noch fleischig sein. Die Länge wird dadurch begrenzt, daß überlange Ohren bei der Arbeit mit tiefer Nase im Schnee oder rauhem Gelände sich an der Unterkante leicht blutig scheuern.

Gebiß

Kräftige Kiefer mit einem perfekten, regelmäßigen und vollständigen Scherengebiß, wobei die obere Schneidezahnreihe ohne Zwischenraum über die untere greift und die Zähne senkrecht im Kiefer stehen.

Glücklicherweise sind Gebißfehlbildungen beim Beagle (noch) recht selten, und mir sind nur wenige Hunde bekannt, denen von Anfang an Zähne fehlten. Sicher ist, daß ein kräftiges und vollständiges, korrektes Gebiß nicht nur lebenswichtig für einen Gebrauchshund ist, sondern stets ein guter Hinweis darauf, wie sehr die Linie oder gar Rasse durch Züchten degeneriert wurde. Grobe Gebißfehler sollten für die Zucht ausschließen.

Eine Hündin vom korrektem britischem Typ aus der Zucht von Karin Sonntag: Ch. Whistling Melody of Justine's Pack (FCI) Beagle des maßgebenden Typs sind nur selten klein, haben oft ein wenig mehr Bodenabstand und sind gerade eben noch quadratisch im Format. Foto: Roberto Animal Ph.

Hals

Ausreichend lang, um dem Hund mühelos das Arbeiten mit tiefer Nase auf der Spur zu ermöglichen. Leicht gebogen, mit etwas Kehlhaut.

Ein zu kurzer Hals geht fast immer mit einer gebundenen, also nicht frei ausgreifenden Bewegung der Vorderläufe einher, ein zu langer Hals zeigt sich oft bei sehnig-schlanken, hochläufigen Beagles, die meist mehr dem Baumuster des größeren Vetters, des Harriers oder gar Foxhounds, folgen. Die Kehlwamme ist nach meiner Überzeugung neben der hervorragenden Nase und dem freudigen, volltönenden Laut auf der frischen Hasenspur das deutlichste Erbe der Ur-Vorfahren unseres Beagle, der bloodhoundähnlichen „Southern hounds". Die Kehlwamme wird meist von etwas loser Haut, manchmal gar zwei losen Kehlhautfalten gebildet.

Vorderhand

Schulter gut zurückliegend, nicht überladen. Vorderläufe gerade und senkrecht gut unter den Hund gestellt. Gute Substanz mit runden Knochen, die zu den Pfoten hin nicht schlanker werden. Kurzer Vordermittelfuß. Feste Ellenbogen, weder ein- noch ausdrehend. Ellenbogenhöhe ungefähr die Hälfte der Widerristhöhe.

Anders als der Mensch hat der Hund kein Schlüsselbein, das recht breite und lange Schulterblatt ist nur mit Bändern, Sehnen und Muskeln an den Rumpf gebunden. Die Lage der Schulter und die Winkelung der Vordergliedmaßen ist bei allen Laufhunden die wichtigste und für die ermüdungsfreie, mühelose Bewegung grundlegendste anatomische Bedingung. Zwischen Schulterlage, Länge und Stellung des Oberarmes und Winkelung in allen Gelenken besteht eine wichtige Wechselbeziehung: Vergröbert kann gesagt werden, daß eine mit etwa 45 Grad schräg nach hinten gelagerte Schulter, bei der im Stand die Fallinie vom Widerrist, das heißt der Punkt, wo sich beide Schulterblätter über dem Rücken am nächsten kommen, deutlich hinter den Vorderläufen liegt, zusammen mit einem ausreichend langem Oberarm eine ausgreifende, flüssige Bewegung ermöglicht. Ist dies nicht so, entsteht ein gebundener, kurzer, manchmal sogar trippelnder Schritt der Vorderhand. Häufig ist dann vor der Fallinie der Vorderläufe in der Seitenansicht keine Vor-

wölbung der Brust mehr zu sehen. Zwischen Schulterblatt und Oberarm liegt im Idealfall ein Winkel von ungefähr 90 Grad. Die Fesselgelenke sind kein Knickpunkt der Läufe im Stand: Die Fallinie vom Ellbogen aus endet nur kurz hinter den Sohlenballen. Liegen die Ellbogen nicht an, so kann dies auch in ungenügender Ausrundung des Rippenkorbs begründet sein.
Von höchster Wichtigkeit für die typische Erscheinungsform eines jagenden Hundes, des ‚hounds', ist jedoch eine ausreichende Länge der Unterarme (und der Unterschenkel). Zu viele Beagle, wie auch wissenschaftlich untersucht (Schröder), neigen zur Kurzläufigkeit, ein arger Gestaltfehler. Unterarme von richtiger Länge haben auch stets, von vorne besehen, gerade Laufknochen.

Gebäude

Rückenlinie gerade und waagerecht. Brustkorb bis unter Ellenbogen herabreichend. Rippen gut gewölbt und gut zurückreichend. Kurze Lende, jedoch gut ausgewogen, kräftig und biegsam, ohne übermäßig aufgezogen zu sein.
Bei jungen Hunden sind mitunter recht krumme Rücken zu beobachten, die sich aber glücklicherweise häufig mit dem Erwachsenwerden noch kräftigen und begradigen. Auch wenn „gerade" nie mit dem Lineal gemessen werden soll. Beim Laufhund Beagle ist ein stark bemuskelter, aber eher kurzer Rumpf rassetypisch. Dies darum, weil für die ursprüngliche Bestimmung, die Hasenjagd, nur der Hund eine Chance hat, der dem Hasen unermüdlich über lange Zeit folgen kann.

Champions in den beiden Farbstellungen: Rüde True Line's (FCI) Decent Cardigan, dreifarbig, Hündin True Line's (FCI Quenchless Galaxy tan/white. Foto: Autor

In der langen Geschichte unserer Rasse haben sich hier Hunde mit kurzem, das heißt eher mit den Läufen die Proportionen eines Quadrates bildendem Rücken als überlegen erwiesen. Hier möchte ich warnen vor modischen Trends zur noch kürzeren, vielleicht auch noch leicht abfallenden Rückenlinie. Hunde mit dieser Tendenz zeigen häufig auch einen zu kurzen Hals und eine bedenkliche Schulterlage. Im übrigen muß der Gradmesser für die Richtigkeit von Maßverhältnissen immer noch bleiben, wieweit sie zu einer flüssigen, raumgreifenden Bewegung beitragen. Und diese fällt Hunden mit lang-rechteckigen Proportionen eben leichter als denen mit hoch-rechteckigen Maßverhältnissen. Der ausgefüllte, breite und lange Brustkorb bietet Raum für unbehindert arbeitende Organe wie das Herz und die gut entwickelten Lungen. Wenn die Unterlinie des Brustkorbs in der seitlichen Ansicht

bis unter den Ellbogen reicht, vom Ellbogen bis zum Widerrist und bis zum Boden aber gleiche Entfernungen sein sollen, kann eben ein korrekter Beagle nie hochläufig sein. Im Querschnitt ist der Brustkorb nicht kreisförmig, sondern ähnelt, zum Brustbein hin schmäler werdend, eher einem auf die Spitze gestellten Ei. Von vorn gesehen, verlaufen aber die Außenkanten der Vorderläufe auf der Fallinie des äußersten Punktes des Brustkorbs.
Allgemeinen anatomischen Gesetzen folgend, wird der Rumpf hinter dem Rippenkorb schlanker. Der Beagle mit seiner rassetypisch gedrungenen Figur zeigt dies nicht sehr stark. Auch bei sehr gut bemuskelten Hunden, steigt die Unterlinie höchstens um ein Viertel der Gesamt-Rumpfhöhe an. Geschieht dies eher oder stärker, ist häufig der Rippenkorb nicht lang genug oder in seinem hinteren, unteren Teil unterentwickelt. Dies sieht man mitunter bei Hunden, die in Zwingern bei unzureichender Bewegungsmöglichkeit aufwuchsen. Von oben betrachtet wird der Hund hinter dem Rippenkorb deutlich schlanker; tut er dies nicht, ist er meist nicht dort sehr muskulös, sondern schlicht zu dick. Dies sieht der Kundige sofort; nämlich ob die Lendenpartie von Muskeln ausgefüllt ist oder die allgemeine Korpulenz des Hundes dies nur so erscheinen läßt: Eine muskulös ausgefüllte Lendenpartie ist in der Bewegung geschmeidig, eine übergewichtige steif.

Hinterhand

Muskulöse Schenkel. Knie gut gewinkelt. Feste und tiefe Sprunggelenke, zueinander parallel.
Die Hinterhand ist, wie die Vorderhand und der Rücken, Teil eines perfekt konstruierten Wirkgefüges für die möglichst mühelose, aber effiziente Fortbewegung. Neben der ausreichenden Bemuskelung sind hierfür Länge und Winkelung der einzelnen Teile in bestimmten Maßverhältnissen Voraussetzung. Die Hinterhand ist über das Becken und Kreuzbein mit dem Rumpf verbunden. Das Hüftgelenk kann degenerativ, wobei neben erblichen Faktoren offensichtlich auch Umweltfaktoren eine Rolle spielen, verändert sein. Hierbei wird die Kugel des Kugelgelenks flacher, pilzförmiger, die Kugelpfanne flacher und umschließt die Gelenkkugel nicht mehr so gut. Für die Zucht wird eine Mindestqualität der Hüftgelenke vorausgesetzt, da diese Veränderungen vererbt werden, den Hund im Alter behindern und ihm Schmerzen bei der Bewegung bereiten können.
Die Beschaffenheit der Hüftgelenke kann jedoch erst nach einer Röntgenaufnahme der Hinterhand, wenn der Hund mindestens ein Jahr alt ist, begutachtet werden. Nur in schweren Fällen ist das Vorliegen eines Hüftgelenkschadens an Bewegung und Haltung des Hundes abzulesen.
Da die Hinterhand den überwiegenden Teil der eigentlichen Vorwärtsbewe-

stellungen, kein Gradmesser für die Qualität des Hundes – wählen Sie Ihren Hund nach Ihrem Geschmack!
Zur Gesamtentwicklung ist anzumerken, daß gegenwärtig auch im Mutterland Großbritannien eine Verarmung der einstigen Farbenvielfalt sowohl bei den Hunden der Züchter als auch bei denen der Meutehalter zu beobachten ist. Das Züchten von Hunden, soweit es den erwünschten Typ und besonders die Größe und Farbe betrifft, ist, weil es von Menschen und nicht von der Natur selbst betrieben wird, immer wieder Modeschwankungen unterworfen, die nur vom Willen der Züchter und dem Verständnis, das sie und die Zuchtrichter vom festgeschriebenen Rassestandard haben, kontrolliert werden.

Tricoloured (dreifarbig): An verschiedenen Körperstellen erscheinen Haare dreier verschiedener Farben. Die zunächst nur mit schwarzen Fellpartien auf weißem Grund geborenen Welpen färben sich durch. Innerhalb der schwarzen Partien färben sich einzelne Stellen braun. Dieser Prozeß kann bis zu einem Jahr dauern. Die allen „Beagle-Anfängern“ bekannteste Färbung des erwachsenen Hundes ist die des Hundes mit weißem Fang, weißer Blesse und braunem Kopf mit Behängen. Hals oben und seitlich schwarz, unten weiß. Rücken und Flanken schwarz, ebenso die Oberseite der Rute. Schultern und Oberschenkel braun, dazu die „Rückansicht“ und die Rutenunterseite.

Die Mischung machts! Genauso wie in Familien ist das harmonische Miteinander von Hunden und Menschen verschiedensten Alters ein tiefes Erlebnis und Balsam für die Seele. Foto: Andrea Ahlschläger

Alles andere weiß, dazu die Rutenspitze. Hiervon gibt es jedoch weite Abweichungen, die dem fortgeschrittenen Beagle-Liebhaber oft reizvoller als diese vermeintliche Standardfärbung erscheinen. Insbesondere die mit unregelmäßigen Platten brauner und schwarzer Farbe gezeichneten Hunde halte ich für außerordentlich attraktiv. Die Intensität der braunen Fellfarbe variiert vom satten, rot wirkenden tiefen Dunkelbraun bis zum hellen Beige. In den weißen Fellpartien erscheinen häufig bei pigmentstarken Hunden braune und schwarze Farbspritzer oder Tüpfel, die sogenannten mottles.

Tan and white (Braun/weiß - zweifarbig): Mindestens ebenso attraktiv wie dreifarbige Hunde, erfreuen sich die Zweifarbigen zunehmender Beliebtheit.

Der Reiz der Rasse ist das wunderbar bunte Bild mehrerer Hunde zusammen.
Foto: Manuela Rechtacek

Auch hier unbegrenzte Variationen in der Farbverteilung, vom Hund mit der geschlossenen „Decke" (Kopf, Hals und Rücken, Flanken, Schultern und Oberschenkel durchgehend gefärbt) bis hin zum bis auf kleinste gefärbte Stellen völlig weißen Hund. Ist die Farbe nicht mehr eine Schattierung von Braun, sondern, was sehr attraktiv aussieht, schon kupferrot zu nennen, dann ist die korrekte Bezeichnung „red and white" (rot/ weiß). Weiße Beagle mit schwarzen Platten sind korrekt gefärbt, aber äußerst selten. Die Farbe spielt auch bis ins tatsächlich Zitronencreme-Gelbe, dann wird der Beagle als „lemon and white" beschrieben.

Wenn man konsequent bleiben will, wäre jeder scheinbar zweifarbige Hund, der auch nur ein echtes Haar einer anderen Farbe, die von Glockenblumenblau über Schiefergrau, schokoladenfarben bis zu Schwarz reicht, als dreifarbig zu bezeichnen. Bei der Einordnung zweifarbiger Welpen haben es die Züchter schwer: Sie werden oft ganz weiß geboren und die Farbpartien werden erst spät und langsam dunkler.

Pied sprich „peid" (meliert):
Hier handelt es sich um eine grundsätzlich andere Färbung als bei den vorgenannten. Während sonst jedes Haar seine eindeutige Farbe hat, hat hier das einzelne Haar selbst mehrere Farben. Dazu kommen einzelne schwarze Haare, die, zwischen den helleren, gemischtfarbigen Haaren verteilt, den Eindruck des Melierten erzeugen. Meist sind die dunkleren oder schwarzen Haare zur Rückenmitte hin häufiger, wodurch ein dunkler Streifen entsteht. Ist das gemischtfarbene Haar weiß und zitronencremegelb, heißt die Farbe „lemon pied", ist es weiß und braun/grau/ schwarz, „hare pied". „Badger pied", dachsfarben meliert, gleicht tatsächlich einem Dachshaar-Rasierpinsel. Mit diesen Farben geht oft eine Nase einher, die entlang der Längsachse heller ist.

Blue Mottled (blau gesprenkelt):
Eine seltene Farbe, die auch britische Rassekenner zuletzt in den dreißiger Jahren gesehen haben. Wenn man ihnen glauben kann, ist es eine äußerst attraktive Färbung: ein weißgrundiger Hund mit einzelnen schwarzen Abzeichen, aber einer Unzahl schwarzer bis blauer Spritzer unterschiedlicher Größe in den weißen Fellpartien.

Liver (leberfarben):
Dies ist die einzige vom Rassestandard ausgeschlossene Farbe, und sie ist es zu Recht. Gleichwohl ist sie schwer mit Worten zu beschreiben. Man kann sie nur vergleichen, so mit der Farbe von

Milchschokolade oder eben mit roher oder gekochter Leber – auch Leberfarbe schwankt in ihrer Intensität. Der Grund für den Ausschluß dieser Fellfarbe, ob sie zweifarbig, allein mit weiß, oder dreifarbig mit braun und schwarz vorkommt, ist, daß mit ihr eine äußerst befremdliche Augenfarbe einhergeht, die den rassetypisch milden Ausdruck des Beagle verfälscht. Es wurde beobachtet, daß aus Zuchttieren, die dreifarbig leberfarbene Welpen hervorbrachten, auch blinde Welpen hervorgegangen sind.

Abschließend ist zu sagen, daß alle Farben sich mit zunehmendem Alter des Hundes verändern. Dreifarbige Hunde werden auf der Rückenmitte und Kruppe immer brauner, zweifarbige bis zum ersten Lebensjahr immer dunkler. Ernährung und Hormonzyklus beeinflussen sogar die Farbe der Nasenschleimhaut deutlich sichtbar, dies aber nur bei zweifarbigen Hunden.

Die zwei häufigsten Fellfarben, dreifarbig und rotweiß, bei Way Tergy und Tony Tergy. Foto Manuela Rechtacek

Größe

Erwünschte mindeste Widerristhöhe 33 cm. Erwünschte größte Widerristhöhe 40 cm.

Die Größe, deren starke Schwankung sich geschichtlich erklärt, sollte nie, sofern sie nicht die Begrenzungen bei weitem überschreitet, zum ausschließlich zum Gradmesser für die Qualität des Beagle gemacht werden. Die englischen Meutehalter wählten – auch heute noch – diejenige Größe aus und züchteten auf sie hin, die für die unterschiedlichen Landschaftstypen ideales Jagdtempo gewährleistete. Bei ihnen galt, was heute bei uns noch gilt: Ein guter kleiner Beagle muß eine in allen Teilen absolut maßstabsgerechte Verkleinerung eines guten großen Beagle sein. Änderungen im Typ dürfen mit sich ändernder Größe nie geduldet werden. Dies bezieht sich insbesondere auf die bei kleineren Hunden oft beobachteten Unterschiede der geringeren Fangtiefe und -belefzung, hervortretenden Augen, insgesamt zu geringer Knochensubstanz und Bewegungsfehlern wie dem gestelzten, steifen Gang.

Fehler

Jede Abweichung von den vorgenannten Punkten sollte als Fehler angesehen werden, dessen Bewertung in genauerem Verhältnis zum Grad seiner Abweichung stehen sollte.

Diese Handlungsanweisung bedarf keiner Erläuterung; sie ist in erster Linie für die Züchter, die ihre und die von ihnen gezüchteten Hunde kritisch betrachten, dann aber gewiß für die Zuchtrichter geschrieben, die die ihnen vorgestellten Hunde in Hinsicht darauf betrachten, in welchem Maß diese den Standardvorschriften entsprechen.

Anmerkung

Rüden sollten zwei offensichtlich normal entwickelte Hoden aufweisen, die sich vollständig im Skrotum befinden.
Auch diese Erläuterung spricht für sich selbst; es ist wohl richtig, die Normalform für die Zucht weiterzuverwenden. Hat ein Rüde nicht beide Hoden, ist dies meist für den Besitzer eines Familien- und Gesellschaftshundes unerheblich. Von den Veterinären wird immer wieder auf das Risiko verwiesen, daß ein meist vorhandener zweiter, jedoch nicht abgestiegener Hoden an seinem Verweilort entarten könnte und dabei auch eine Wesensänderung des Beagles verursachen könnte. Dies ist aber bisher äußerst selten beobachtet worden.
Gleichwohl ist ein hier nicht vollständiger Rüde nicht „comme il faut", solche Welpen werden von seriösen Züchtern mit einem Abschlag vom normalen Kaufpreis in Höhe von etwa 25 bis 50 Prozent abgegeben. Diese Hunde können nämlich für Ausstellung und Zucht keine Verwendung finden; das Wohlbefinden des Hundes, seine Leistungsfähigkeit und sein Arbeitswille sind jedoch nicht beeinträchtigt.

Sonstige Eigenschaften

Das Gewicht ist nirgends erwähnt, aber wegen des rassetypischen unendlichen Appetits der Beagles durchaus von Bedeutung. Das Gewicht eines erwachsenen Beagles kann zwischen zehn und achtzehn Kilogramm betragen und wird sich immer nach Größe und Typ des Hundes richten müssen. Wie auf den Bildern zu sehen, muß es stets so bemessen sein, daß man einen Tag harter Jagdarbeit vom Hund erwarten könnte, ohne daß er schnell ermüdet oder gar gesundheitliche Risiken eingeht.

Die Stimme

Die Lautstärke der Beagle-Stimme ist, im Vergleich zu anderen, gleichgroßen Rassen, überbemessen. Dies ist eine Folge der Meutehund-Herkunft. Von seinen bloodhound-ähnlichen Vorfahren erbte unsere Rasse einen gewaltigen, tiefen, oft glockenähnlichen Laut. Dieser ertönt bei unseren Hunden ebenso wie vor Hunderten von Jahren fast zwanghaft, sobald und solang sie sich jagend auf der Fährte befinden. Die Meutejäger begannen bald, neben der Abstimmung der jagdlichen Fähigkeiten der Meutemitglieder auch die Hunde nach ihren Stimmen zu einem harmonischen „Geläut" zusammenzustellen.
Der englische Begriff „hound music" trägt etwas von der Freude in sich, die Liebhaber der Rasse beim Klang der vielstimmigen, immer noch urtümlich erregenden Lautäußerung mehrerer Hunde gemeinsam empfinden.

Der Beagle nutzt seine Stimme gerne. Er ist, insbesondere gegen eine nahrhafte Belohnung, äußerst leicht zum Lautgeben auf Befehl zu erziehen. Dazu ermutigt, wird er als Wachhund Außergewöhnliches mit Zuverlässigkeit melden, sobald er erwachsen und selbstsicher geworden ist, also mit ungefähr einem Jahr.

Das Wesen

Alle Beagles sind auch heute noch in ihrem Charakter vorwiegend Erben ihrer Meutehund-Vergangenheit. In Meuten oder in größeren, sozial geordneten Gruppen lebende Tiere müssen eine strenge hierarchische Ordnung nicht nur anerkennen, sondern brauchen diese auch, um seelisch gesund zu bleiben. Ein Teil dieses sozialen Grundverhaltens ist erblich angelegt, ein Teil wird durch Prägung und späteres Erlernen vermittelt.
Die starke Orientierung an einer sozialen Grundordnung ist gleichzeitig die Grundlage für die hervorragende Eignung dieser Rasse zum Familienmitglied und die offenbar grenzenlose Kinderfreundlichkeit. Dies läßt aber ebenso klar erkennen, warum ein einzeln, vorwiegend im Zwinger gehaltener Beagle nicht nur seine hervorragendsten Eigenschaften nicht zur Geltung bringen kann, sondern auch selbst seelisch verkümmern muß.

Ein Hauptreiz bei Meutehunden ist die unverwechselbare Fellfärbung, hier die „broken tricoloured" Hündin Ch., Csg. Sasa Edle von Helle Berge (FCI). Foto: Roberto Animal Ph.

In der Familie ist er jederzeit für Gruppenzuwachs dankbar und freut sich meist lauthals über Besuch. Auch ein Einbrecher wird als Besuch betrachtet, wenn er erst einmal im Hause ist. Dies heißt nicht, daß ein Beagle nicht wachsam ist. Doch wird er nicht mehr tun, als ungewöhnliche Vorgänge bellend zu melden. Und hinter dem Bellen des Beagle vermutet man meist, wie gesagt, einen viel größeren Hund.

Ebenso rassetypisch wie die Menschenfreundlichkeit ist die Verträglichkeit mit Hunden anderer Rassen. Bissige Beagles, mögen sie sich gegen Mensch oder Tier richten, können getrost als rasseuntypisch, manchmal gar als wesensschwach betrachtet werden. Das letztere dann, wenn sichergestellt ist, daß die Ängstlichkeit, aus der Bissigkeit fast immer entspringt, nicht auf Behandlungsfehler, Fehlen konsequenter Erziehung oder schwere Fehler bei der Aufzucht des Welpen zurückzuführen ist. Der Beagle bleibt bis ins hohe Alter stets freundlich und Zärtlichkeiten nicht abgeneigt. Auch hier ist zu beachten, daß ein Übermaß an Zuwendung, wie sie Hunde alleinstehender Besitzer oder kinderreicher Familien mitunter erfahren, dem Hund die Schmuserei verleidet.

Hier sei darauf hingewiesen, daß die zuverlässigste, dauerhafteste Bindung des Hundes an den Menschen dann erreicht wird, wenn ihm eine natürliche Mischung aus konsequenter Strenge und gefühlsbetonter, liebevoller Zuwendung geboten wird. Denn auch unter natürlichen Verhältnissen, sei es in wildlebenden Hunde-Familienverbänden oder Meuten, gibt es beides bunt vermischt: das rauhe, unerbittliche Kampfspiel zur Verdeutlichung der Rangordnung und Durchsetzung von Machtansprüchen ebenso wie das selbstvergessene Bezeugen von Zuneigung.

Beagles ordnen sich nahtlos in die Familie ein und haben ein feines Gespür für familiäre Machtverhältnisse. So können Kenner nach einiger Beobachtung eines Hundes mit „seiner“ Familie oft viel über die innere Familienstruktur sagen. Dies geht sogar so weit, daß Sie sicher nie erleben werden, daß ein normal aufgezogener Hund bei Familienstreit zum Vorschein kommt – er wartet stets ab, bis die Luft wieder rein ist.

Dank der weißen Rutenspitze, die er als Standarte trägt, weiß man stets wo der Beagle ist. Foto: Isabelle Francais

Nehmen Sie der sprichwörtlichen Dickköpfigkeit des Teckels ihre Kauzigkeit – und Sie haben die Beharrlichkeit des Beagle. Hier wie da rührt sie daher, daß der einzelne Hund dieser Rasse auf der Jagd, ganz auf sich gestellt, trotz mancher anderen Verlockung, eine schwierige Jagdaufgabe erfolgreich zu Ende bringen muß. Mitunter wünschen wir unserer Rasse etwas weniger Beharrlichkeit – sie fällt uns ja auch immer nur dann auf, wenn sie sich entgegen unseren Wünschen äußert.

Es ist daher ratsam, einem Beagle gleich bei der ersten Gelegenheit rigoros und nachhaltig deutlich zu machen, was erwünscht und was unerwünscht ist – sonst sind hundert und mehr Belehrungen notwendig, die Herrn und Hund Zeit und Nervenkraft kosten.

Dennoch lernt der Beagle schnell und leicht. Die Neugier, auch auf neu zu Erlernendes, ist ein verläßliches Anzeichen für wachen Verstand, vielleicht sogar Intelligenz. So kann einem Beagle in kurzer Zeit das Erziehungsprogramm der Schutzhundeprüfung vermittelt werden, den Schutzdienst am Mann ausgenommen. Den mannscharfen Beagle gibt es so gut wie nie. Und dann fehlt dem Beagle eben doch die rechte „deutsche Pflichttreue" – besonders, wenn eine Wildfährte verlockend in die Nase zieht.

Seine Jagdhundvergangenheit, von der wir hoffen wollen, daß sie nicht ohne Zukunft ist, hat auch die Lebendigkeit des Beagle geformt. Ein gut entwickelter, gesunder Beagle ist ein Kraftpaket. Mit gutem Recht besteht er auf seinem mindestens zweistündigen täglichen Spaziergang und der gelegentlichen Spielstunde mit den Hundekollegen. Mit Beagles spielt er übrigens am liebsten, auch wenn er sonst kein „Rassist" ist. Bei solch einem Aktivitätsdrang ist es freilich kein Wunder, daß Beagle-Welpen oder -Junghunde allerhand Unsinn anstellen können und, kaum mit dem einen Schabernack am Ende, schon den nächsten auszubrüten scheinen. Aber seien Sie geduldig! Auch Ihr Hund wird, einmal erwachsen, (hoffentlich) noch viele Jahre wohlerzogen und artig sein. Einen jungen, einfallssprühend ungezogenen und in seiner vertrauensseligen Unverblümtheit doch herzerfrischenden Hund werden Sie sich dann doch manchmal zurückwünschen. Und sie werden sich dann vielleicht einen zweiten, jungen Beagle hinzukaufen ...

Ausgeglichenheit ist eine der Grundbedingungen des Miteinanderlebens. Der Meutehund Beagle bringt sie von Natur aus mit. Er ist immer freundlich, geduldig, unempfindlich und genügsam. Daß dies unschätzbare Eigenschaften für einen lebenslangen Freund sind, kann Ihnen jeder Hundebesitzer bestätigen. Beagle-Leute sind stets ausgeglichen, freundlich, aktiv. Wie ihre Hunde. Natürlich – Terrier- oder Schnauzerbesitzer möchten einen keckeren, schneidigeren Hund; Wind-

Beagles, besonders wenn sie noch Welpen sind, verführen dazu, sie allzu menschlich zu behandeln. Richtiger sind sie am Boden aufgehoben.

Foto: Brinkmann

hundebesitzer mögen den mitunter weltentrückten oder introvertierten Ausdruck ihrer Hunde. Für Gemütliche wäre eine englische Bulldogge sicher richtiger. So soll jeder den Hund haben, der zu ihm paßt.

Schließlich sei noch die Unzuverlässigkeit in Fragen des Eigentums erwähnt, die der Beagle so an sich hat. Jedenfalls wenn es sich um eßbare Dinge handelt. Das Motto: „Wenn ich's nicht freß', dann frißt's bestimmt gleich ein anderer!" hat schon so manchen Beagle auf den unbeaufsichtigten Frühstückstisch getrieben und ihn dafür sorgen lassen, daß sich kein anderer mehr an Wurst, Butter und Käse vergehen konnte. Aber auch das kann man ihm mit so etwa 99prozentiger Sicherheit austreiben. Mutig ist der Beagle, angriffslustig aber nicht. Selbst die Angriffslust gegen Wild, die Wildschärfe, läßt sich eben nicht trennen von der sonstigen Aggressivität. Und da diese bei der Haltung von vielen Hunden in den Meuten stets zu Verlusten führt, da kranke und schwache Hunde angegriffen und aufgefressen werden, haben die Meutehalter dem Beagle dies abgewöhnt.

Auch wenn ich Beagles besessen habe, die furchtlos Katzen und Marder angriffen und diese Kämpfe auch bestanden, so greift diese Rasse auch Nutzwild nach meinen Beobachtungen nur dann sicher an, wenn mehrere Hunde zusammen jagen. Die ursprünglichen Anlagen des Jagdhundes aber können durch Erziehung so verstärkt werden, daß auch hier Änderungen eintreten. Zum angriffswilligen Schutzhund jedoch,

über dessen mehr als sportlichen Nutzen auch Kenner durchaus geteilter Ansicht sind, taugt der Beagle nicht.
Neben dem jagdlichen Nutzen, auf den später eingegangen wird, kann die äußerst leistungsfähige Nase unserer Rasse auch sonst von Nutzen sein. Es ist nicht schwer, Beagles darauf abzurichten, einer Menschenfährte zu folgen, wenn man dies schon mit dem Junghund übt, wobei „Herrchens" oder „Frauchens" Fährten die verlockendsten sind. Ich glaube sogar, daß auch Beagles „clean boot" jagen könnten, also nach entsprechendem Training wie die Bloodhounds eine stundenalte menschliche Fährte finden und halten. Die hessische Landespolizei hat ebenso wie der schweizerische Zoll seit Jahren, einem Beispiel der amerikanischen Behörden folgend, erfolgreich Beagle als Diensthunde zum Aufspüren von Sprengstoff, Geschossen und Geschoßteilen sowie zum Aufspüren von Betäubungsmitteln als „Landeshilfsbeamte" eingesetzt. Sie sind klein und wendig, enorm arbeitswillig und durch ihren empfindlichen Geruchssinn sehr erfolgreich. Menschen in der Umgebung, die durchsucht wird, empfinden keine Furcht vor dem Diensthund; der Fluß der Zollabfertigung zum Beispiel wird nicht beeinträchtigt. Bei Licht besehen, wird diese Einsatzmöglichkeit gegenüber der wachsenden Bedeutung des Beagle als Haus- und Familienhund ebenso zurückbleiben wie sein jagdlicher Einsatz auf dem Kontinent.

Zusammenfassend kann man sagen, daß der Beagle ein äußerst lernfähiger und arbeitswilliger Hund ist, dem, außer mit Belobigung, auch mit Hilfe von nahrhafter Belohnung fast alles beizubringen ist, was er rein körperlich leisten kann. Hier zeigt sich, wenn richtig geweckt, ein geradezu rührender Arbeitseifer, der der Passion auf der Hasenspur mitunter in nichts nachsteht.

Bedürfnisse

Körperliche Bedürfnisse. Zwei Dinge sind bei Menschen wie bei Hunden untrennbar verknüpft: Beanspruchung und körperliche Ernährung. Sind beide in ihrem Verhältnis wohlausgewogen, sind Mensch und Hund körperlich fit und gesund.

Beagles vertragen sich nicht nur untereinander, sondern auch mit anderen Rassen. Hier ein Teil der Beagles, die, bis auf eine Junghündin alle Champions, bei Eberhardts zusammen mit einem Rhodesian Ridgeback lebten.
Foto: Autor

Beagles – das läßt sich durchaus beim Menschen mit familiär vererbten und erworbenen Neigungen vergleichen – sind Hunde, die gut und gerne fressen. Und gerne zuviel. Dies mag sich bei einem einzeln in der Familie lebenden Beagle nicht äußern, bei mehreren zusammenlebenden Hunden aber steigert der herrschende Konkurrenzdruck, der sprichwörtliche Brotneid den bekannt guten Appetit zur Gefräßigkeit. Da Sie aber, wenn Sie kein berufsmäßiger Marathonläufer sind, einem korrekt gebauten Beagle, der ja auch große Strecken mühelos läuft, nicht soviel Bewegung verschaffen können, daß er bei unbegrenztem Futterangebot nicht wie eine wandelnde Schlummerrolle aussieht, ist wohl die Futtermenge derjenige Teil der Wechselbeziehung, der sich leichter steuern läßt. Ein Beagle muß gerade eben soviel auf den Rippen haben, daß diese, sieht man den Hund im spitzen Winkel von der Seite an, sich nicht mehr abzeichnen. Mit dieser Idealfigur bleibt Ihr Beagle gesund und wird Sie noch lange begleiten.

Wer jemals mehrere Beagles zusammen gesehen hat, wird sich immer an dieses lebendige Bild erinnern. Foto: Andrea Ahlschläger

Freilich gibt es innerhalb unserer Rasse auch die bei Menschen vorhandene Neigung zu verschiedenen Körperbautypen, es gibt den muskulösderbknochigen Athletiker, den feinknochig-fülligen Pykniker und den sehnig-schlanken Leptosomen mit allen ihren Mischformen. Dies schließt die charakterlichen und bewegungstypischen Unterschiede mit ein. Der rassetypisch erwünschte Typ liegt etwa auf der Mitte zwischen leptosom und athletisch. Ist unser Hund anders veranlagt, dann müssen wir Bewegung und Energiezufuhr entsprechend miteinander abstimmen. Jedenfalls sind hier Augenmaß und Erfahrung die besten Hilfen, die im Kapitel „Ernährung" gegebenen Grundmengen abzuwandeln. Von der kleinsten Beaglehündin von 33 cm Schulterhöhe, die etwa 11 kg wiegen kann, bis zum 41 cm großen, athletischen Beaglerüden, der gut 17 kg wiegt, ist eben ein weites Feld.
Die Bewegung als Mittel, überflüssiges Gewicht zu vermeiden oder zum Verschwinden zu bringen, soll so vielfältig wie möglich sein. Die vielfältigste Bewegung hat natürlich ein Beagle, der in der Meute oder einer Großfamilie mit anderen Beagles lebt. Nichts beansprucht so stark und abwechslungsreich wie die unablässig ausgetragenen Versteck-, Beute- und Kampfspiele. Wichtig aber ist, und das gilt ganz nachdrücklich für junge, in der Entwicklung befindliche Hunde, daß sich der Hund jederzeit zurückzie-

hen und ausruhen oder schlafen kann. Auch für den einzeln gehaltenen Hund gibt dies Leitlinien. Geregelter Auslauf ohne Leine, Spiel mit anderen Hunden, kurze Strecken nur im Trab (beim erwachsenen, voll entwickel-ten Hund auch neben dem Fahrrad), Schwimmen, Apportieren oder das Training mit der Dressurangel sind Dinge, die Ihren Hund, wenn abwechselnd durchgeführt, bei guter Gesundheit halten. Und, wenn sie in gesunder Luft stattfinden, auch Sie. Es sei Ihnen aber mit auf den Weg gegeben, daß ein erwachsener, wohltrainierter Beagle beim Wandern erst nach etwa 90 Minuten so richtig warmgelaufen ist. Beagles unter einem Jahr, die, um die richtige Substanz aufbauen zu können, recht mollig gefüttert werden, brauchen aber mehr Pausen. Sie müssen sich häufig ausruhen und ausschlafen können.

Pflege beim Beagle ist in wenigen Worten beschrieben. Das Fell soll regelmäßig, möglichst täglich mit einer mit kurzen Naturborsten dicht besetzten Bürste (Kardätsche) und einer Gumminoppenbürste durchgearbeitet werden. Mit mehr Nachdruck dort, wo längere Haare wachsen, also auf dem Rücken und am Hals, weniger stark an Kopf, Läufen und Bauch. Das Bürsten geschieht immer in der Richtung, in der das Haar wächst. Jahreszeitlich bedingt, meist im Frühjahr und Herbst, und bei vorwiegend im Freien lebenden Hunden nur dann, bringt der Wechsel zwischen Sommer- und Winterfell mehr lose Haare mit sich. Bei in der Wohnung lebenden Tieren verwischen sich diese Phasen mehr, sie zeigen immer etwas loses Haar. Stumpfes, raues Haar deutet entweder auf zuwenig Fett in der Nahrung oder schlechte Gesamtverfassung des Hundes hin – mehr als alles andere hilft je ein Teelöffel Bierhefe und Kieselerde – aus dem Reformhaus – ins tägliche Futter.

Zur Pflege gehört auch die Kontrolle der Krallen. Bei viel Bewegung auf hartem Boden laufen sich die vier Hauptkrallen von selbst ab. Die höher sitzende, an der Innenseite der Vorderläufe zu findende Daumenkralle ist, vorzugsweise mit einer guillotineähnlich arbeitenden Spezialzange, stets soweit zu kürzen, daß das bei farblosen Krallen sich rosa abzeichnende Blutgefäß mit Nerv nicht verletzt wird.

Die Zähne pflegen sich bei abwechslungsreicher Nahrung, bei der neben gekochten und gesäuberten Rinderhufen auch möglichst grobe und harte Hundekuchen verabreicht werden, selbst. Wie Menschen neigen jedoch die Hunde unterschiedlich zu Zahnstein. Ebenso wie bei uns ist dies der erste Schritt zu Zahnschäden. Daher schiebt man bei der wöchentlichen Überprüfung frischen Zahnstein mit dem Fingernagel ab oder benutzt mit einer weichen Zahnbürste eine Hundezahnpasta. Ist der Zahnstein aber durch Vernachlässigung schon gelb, braun oder gar grünlich, so suchen Sie bitte bald Ihren Tierarzt auf, der hierfür Spezialgeräte hat.

Die Ohren werden wöchentlich mit einem in Spiritus getränkten Wattebausch ausgerieben. Wattestäbchen sind zu dünn und zu spitz – Sie sollen ohnehin nur so weit reinigen, wie Sie beim ersten Blick sehen können.
Einem in Kuhfladen, Vogelkot, Aas oder ähnlich Wohlriechendem frisch gewälzten Beagle schadet ein Bad zu keiner Zeit, wenn es in handwarmem Wasser stattfindet. Man nimmt dazu ein gutes Hundeshampoo (Parfüm ist kein Gütezeichen!) und reibt den Hund anschließend richtig trocken.
Seien Sie Ihrem Hund wegen der vorgenannten, für ihn äußerst wünschenswerten Naturparfümierung nie böse – er ist ja kein Mensch. Und Ihr Eau de Cologne hält er für das, wofür Sie die Kuhfladen halten.

Geistige Bedürfnisse

Jeder Beagle, der nicht gerade im Zwinger ohne Menschenkontakt aufgewachsen ist oder dort während seiner Prägungsphase verlassen leben mußte, ist aufgeweckt, neugierig und intelligent. Er wird zu einem klugen und überlegen lebenserfahrenen Hund heranwachsen, wenn er möglichst viel von der Welt gesehen hat.
Dies soll nicht heißen, daß ihm jährlich eine Pauschalreise zusteht, sondern, daß Sie ihn möglichst ganztägig an Ihrem Leben teilnehmen lassen sollen. Nicht nur bei Einkaufsgängen, sondern auch bei Besuchen, Reisen und anderen Anlässen sollte Ihr Hund wie ein Familienmitglied stets an Ihrer Seite sein. Wenn Sie Ihren Beagle gut erzogen haben, wird dies sogar neue Freunde für die Rasse werben. In der freien Natur sollten Sie nur einen absolut gehorsamen Beagle von der Leine lassen – ein Grund mehr, ihn bestens zu erziehen. Wünschenswert ist es aber, daß er alles, was ihn interessiert, beriechen und untersuchen, kurz: erleben kann. Gerade die Vielfalt der erlebten und damit bewältigten Eindrücke macht aus dem ungestümen, überschwenglichen Welpen einen klugen, umgänglichen Hund, mit dem Sie überall gerne gesehen sind.
Erziehung befriedigt auch geistige Bedürfnisse. Sie bringt hierarchische Ordnung in das Leben eines Hundes. Seine Instinktwelt ist durchaus darauf eingerichtet, denn die strenge soziale Ordnung stärkt auch das Selbstbewußtsein des einzelnen. Hunde, denen die von ihnen als selbstverständlich empfundene Ordnung ihrer Welt weder durch Einordnung in eine Hundegruppe noch durch Erziehung zuteil wird, kompensieren dies häufig dadurch, daß nun sie sich zum Herrn des oder der Besitzer aufschwingen. Lassen Sie es nicht so weit kommen, denn es ist nicht leicht, sich aus der Unterlegenheit wieder zur Führung emporzuarbeiten. Wenn dies nicht gelingt, ist meist die einzige Lösung dann die Trennung von Ihrem Hund, was Sie, offen gesagt, in meinen und den Augen vieler anderer Hundebesitzer, für die wei-

tere Hundehaltung disqualifiziert. Schließlich sei noch gesagt, daß Erziehung nicht ein für alle Mal eintätowiert und damit zum unveränderlichen Bestandteil Ihres Hundes wird. Sie muß vielmehr von Zeit zu Zeit durch Wiederholung in Erinnerung gebracht, gestärkt und gefestigt werden.

Ch. Pinewood Capricio, eine kleine und in der Zucht erfolgreich eingesetzte Hündin mit feminimen Ausdruck. Foto: Holthaus

Seelische Bedürfnisse

Die seelischen Bedürfnisse Ihres Beagle sind größer, als Sie bei oberflächlicher Betrachtung annehmen mögen. Hunde haben zum Beispiel meist eine großartige Einfühlungsgabe für die Seelenlage der mit ihnen zusammenlebenden Menschen. Sie leiden mit Ihnen unter einer gedrückten Stimmung und zeigen nicht selten ihr Mitgefühl durch besondere Anschmiegsamkeit. So verschwinden sie bei grobem Ehestreit aus dem Zimmer. Also werden Sie verstehen, daß ein so sehr gefühlsempfindsames Wesen ständige, verläßliche Zuwendung braucht, um seelisch nicht zu verkümmern, auch wenn von Hund zu Hund deutliche Unterschiede im Maß der erwünschten Zuneigung zu beobachten sind.

Beim schon gesellig veranlagten Meutehund Beagle ist die menschliche Gesellschaft ein Grundbedürfnis. Derjenige, der seinen Hund mehr als vier bis fünf Stunden am Tag alleine lassen müßte, erweist sich als der größere Hundefreund, wenn er sich keinen Hund anschafft.

Dem Beagle kann die Familie oder der Freundeskreis nie groß genug sein. Vielleicht halten sich die Beagles auch selbst für die eigentlichen Gastgeber, jedenfalls wird jeder Neuankömmling zunächst einmal für einen netten Menschen gehalten. Das wird ihm mit einem Freudengebell gezeigt. Mochten nach einiger Zeit meine Hunde einen Besucher nicht mehr, ging es mir bald ebenso. Aber Ihre bisherige Geselligkeit müssen Sie eines Beagles wegen nicht einschränken.

Ich hoffe nicht, daß Sie, wenn Sie mit Ihrem Hund sprechen, eine Antwort erhalten. Bald jedoch kann Ihr Hund aus Tonfall und Ihrem eigenen Benehmen bei immer wiederkehrenden Fragen entnehmen, worum es so ungefähr geht. Auf meine provokante Frage: „Wollt Ihr jetzt Fleisch und Knochen?“ pflegen meine Beagles jedenfalls eindeutig mit einem ohrenbetäubenden Anforderungsgebell zu antworten. Sprache vermittelt dem Hund Stim-

mung und Zuwendung. Eines ist sicher: Auch wenn dies vielleicht nur gespielt wird, so scheinen doch Hunde die weitaus aufmerksameren Zuhörer zu sein als Menschen!
Man kann einem anhänglichen Hund nichts Ärgeres antun, als auf ihn eine längere Zeit böse zu sein. Also rufen Sie ihn bald nach der Maßregelung wieder zu sich und geben Sie ihm zu verstehen, daß Sie ihn wieder mögen – solch ein Ereignis kann sogar einen schon alten Hund in ein welpenhaft freudig herumtollendes Wesen verwandeln. Ebenso wie die Ernährung und Bewegung in gutem Verhältnis zueinander Gesundheit und Wohlbefinden erhalten, so erhält die wohlausgewogene Mischung von konsequenter Strenge und liebevoller Zuneigung eine der zuverlässigsten Partnerbindungen, die zwischen Mensch und Hund.

Ein erfolgreicher Rüde mit seinem Nachwuchs: Jill Peak's Ch. Bayard Zachariah (hinten auf der Bank)
Foto: Peak, GB

Zur Anschaffung eines Beagles – und die Folgen

Welpenkauf mit Methode

Der Kauf eines Hundes kann ebenso methodisch geplant und durchgeführt werden wie jede andere größere Anschaffung. Schließlich ist der Hund nicht nur ein lebendiges Wesen, das Sie länger als ein Jahrzehnt ebenso nahe wie ein Familienmitglied begleiten wird, sondern ein guter Beagle wird auch einen guten Kaufpreis haben. Die Kosten seiner Haltung werden hernach sogar die Anschaffungskosten weit übersteigen.

Klären Sie zuerst, ob alle Familienmitglieder und Ihr Hauswirt mit der Hundehaltung einverstanden sind. Untersuchen Sie, ob Sie gute Freunde oder Verwandte haben, die in Notfällen Ihren Hund für einige Tage betreuen würden. Werden Sie den Hund stets mit in Ihren Urlaub nehmen und, wenn nicht, wo könnten Sie ihn unterbringen, wo es ihm wenigstens annähernd so gut geht wie bei Ihnen?

Sie sollten bei diesen Überlegungen zunächst kommerzielle Tierverwahrer wie Hundepension und Tierheim ausschließen. Wenn Sie auf diese Fragen zufriedenstellende Antworten gefunden haben, sollten wir annehmen, daß Sie einen Welpen kaufen wollen. Dies ist das Häufigste und auch für Hundekenner das Befriedigendste. Der Kauf halberwachsener oder erwachsener Hunde hat jedenfalls seine besonderen Probleme.

Eine Beaglefamilie in der Zuchtstätte, True Line's (FCI)
Foto: Effem

Rüde oder Hündin?

Rüden sind, und das soll bei Hunden nicht anders sein als bei Menschen maskulin im Wesens- und Erscheinungsbild. Da Hunde jedoch nicht monogam leben, sondern die Rüden gern, was Rassehunden jedoch meist nicht gestattet wird, ein recht bewegtes Liebesleben führen, neigen sie dazu, alle erreichbaren Hündinnen mit Nachwuchs zu beglücken. Um dies zu ermöglichen, entwickeln sie, wenn sie dies erst einmal gemerkt haben sollten, einen beträchtlichen Ideenreichtum im Ausreißen. Rüden, die einen nicht ausbruchsicheren Garten bewohnen oder nutzen, dazu vielleicht auch noch auf dem Lande, wo häufiger der Duft einer begehrenswerten Hündin in der Luft liegt, sind gern unterwegs und dabei durch Beißereien mit Mitbewerbern, nervöse Besitzer der "Angebeteten" und besonders durch den Straßenverkehr gefährdet. Sie gewöhnen sich bei dieser Gelegenheit auch das Streunen an. Überdies haben Rüden nun mal das natürliche Bedürfnis, das Bein zu heben und immer wieder zu markieren. Das bekommt den immergrünen, bis zum Boden belaubten Gartengewächsen gar nicht gut.

Hündinnen sind, als Einzelhunde gehalten, sanfter und scheinbar anhänglicher als Rüden. Ich halte das für eine geschlechtsspezifische Eigenschaft. Eine beträchtliche Unbequemlichkeit ist die meist zweimal im Jahr auftretende Hitze, auch Läufigkeit genannt. Dabei verliert die Hündin über etwa 20 Tage, anfangs mehr, gegen Ende dieser Zeit weniger, blutiges Sekret. In dieser Phase hat sie auch den deutlichen Wunsch, mit Rüden zusammenzutreffen – das ist die Zeit, die höchste Wachsamkeit und Vorsicht beim Ausführen der Hündin verlangt. Mit Hunden, die für Jagd und Ausstellung erworben werden, kann man in dieser Zeit nicht arbeiten.

Wollen Sie Ihren Hund künftig vielleicht in den Annalen der Zucht verewigt sehen, so erwerben Sie besser eine Hündin, denn die zur Zucht herangezogenen Rüden sind zahlenmäßig höchstens ein Prozent der zur Zucht verwendeten Hündinnen. Und kein Züchter kann Ihnen schriftlich garantieren, daß aus Ihrem Rüdenwelpen der grandiose Deckrüde der nächsten Jahre wird.

Aufgaben und Sinn

Meist ist der Beagle heute Haus- und Familienhund, und die Tatsache, daß damit seine Fähigkeiten nur teilweise genutzt werden, sagt nicht, daß er diesen Teilbereich nicht ideal ausfüllt, denn der Beagle ist als Meutehund ja grundsätzlich sozial angepaßt strukturiert. Er begrüßt jedes Familienmitglied freudig, ist immer gut gelaunt, zu jedem Unsinn bereit. Er ist der Freund aller Kinder – ältere Leute werden nur dann mit ihm glücklich, wenn sie noch rüstig und bewegungsfreudig sind. Die ausgewogene Größe des Beagle macht ihn zum angenehmen Automitfahrer, und er ist auch in der kleinen Mietwohnung nicht im Wege.

Als Wachhund ist der Beagle nur bedingt tauglich. Zwar kann er bei geeigneter Unterbringung und Fütterung ständig draußen leben, seinen sozialen und psychischen Bedürfnissen aber trägt dies keinerlei Rechnung und ist daher abzulehnen. Für den Jäger, soviel ist auch in der kontinentalen Jagdszene gesichert, ist der Beagle ein zwar leider noch immer ungewöhnlicher, aber überraschend vielseitiger Gehilfe. Seine feine Nase, seine Passion und seine Unempfindlichkeit verbunden mit seiner mäßigen Größe bergen einen noch immer weithin ungehobenen Schatz wertvoller Eigenschaften für eine waidgerechte Jagdausübung mit dem Hunde.

Eine weitere Disziplin der Beschäftigung mit dem Hund ist das wettbewerbsmäßige Ausstellen von Hunden auf nationalen und internationalen Zuchtschauen. Dieses Hobby bietet ebenso viele Freuden und Enttäuschungen wie andere leistungsorientierte Steckenpferde. Für gesellige und hundefreundliche Menschen ergibt sich hier jedoch eine Fülle von neuen Bekanntschaften, und im Gespräch mit Gleichgesinnten kann viel über Hunde – und Menschen – gelernt werden. Beagles sind attraktive Ausstellungshunde, unproblematisch, weil nicht streitsüchtig, keine leidenschaftlichen Beller und wegen ihres ansprechenden Äußeren von beachtlicher Anziehungskraft.

Beagles gibt es in den unterschiedlichsten Farben und Größen. Foto: Karin Sonntag

Farbe und Größe

Nur wenige Hunderassen kennen so viele Variationen in ihren Fellfarben wie die Meutehunde. Laien erscheint die „klassische“ Dreifarbigkeit, die einen schwarzen Rücken, mehr oder weniger tiefbraune Laufansätze, Schultern und Keulen, braunen Kopf mit weißer Fangpartie, weiße Pfoten, Bauchunterseite und Brust aufweist, meist als die attraktivste. Dies ist aber nur auf den ersten Blick so: Alle anderen Farben und Farbverteilungen sind ebenso attraktiv und richtig.

Bei dreifarbigen Hunden ist eine interessante Varietät diejenige, bei der Schwarz und Weiß, in Platten aufgelöst, unregelmäßig verteilt ist. Äußerst apart im Erscheinungsbild sind die zweifarbigen Hunde, die meist in Würfen gleichzeitig mit dreifarbigen Geschwistern fallen. Ihr Farbenspiel reicht von tiefbraun oder kupferrot gefärbten Rücken mit symmetrischer Weißverteilung bis zu fast zitronengelben Hunden mit weißer Grundfarbe. Selten fallen sogar ganz weiße Hunde. Ebenso selten sind heute melierte Färbungen, wie das Fell eines Wildhasen oder des Dachses oder gar das berühmte altenglische „blue mottle", eine weißgrundige Fellfärbung mit unzähligen kleinen und größeren blauschwarzen Flecken.

Sich enger in seinen Wünschen festzulegen als „dreifarbig", „zweifarbig" oder „möglichst dunkel", ist unrealistisch, da auch Wiederholungspaarungen nie identische Ergebnisse bringen und die Färbung der Welpen einer der vom Züchter mit höchster Spannung erwarteten Faktoren ist. Auch seine Wünsche hinsichtlich der Größe im voraus festzulegen, ist nicht sinnvoll.

Mehr als „mittelgroß", „groß" oder „möglichst klein" sollte nicht fixiert werden. Der Größenspielraum ist bei dieser Rasse mit etwa acht Zentimetern erlaubter Größendifferenz ohnehin recht gering.

Auswahl des Züchters

Hier wird vorausgesetzt, daß Sie sich entschlossen haben, beim Züchter zu kaufen. Mitunter scheint beim ersten Hinsehen der Kauf bei einem Hundehändler vorteilhafter. Aber dem steht nicht nur entgegen, daß die in der Tagespresse immer wieder zu lesenden Geschichten nicht gerade eine Empfehlung für dieses Gewerbe sind und daß die vermeintliche Einsparung von ein paar hundert Euro, umgerechnet auf die Gesamtlebensdauer Ihres Hundes, unwesentlich ist. Sie kaufen vielmehr darüber hinaus nachweislich die Gefahr ein, daß Sie für bald danach entstehende Tierarztkosten mehr ausgegeben haben, als Sie zuvor einzusparen hofften.

Oft sind auch die im Welpenalter kranken Hunde als erwachsene Beagles nicht genauso robust in ihrer Gesundheit wie ihre Artgenossen, die in dieser wichtigen Entwicklungsphase gesund und kräftig waren. Ein übriges mag Ihnen auffallen, wenn Sie prüfen, wo diejenigen, die Hunde züchten und mit ihnen in allen Bereichen Erfolg haben, ihre Zuchthunde gekauft haben: beim Züchter!

Informieren Sie sich also zuerst einmal über die Züchter, die zu einem Ihnen passenden Zeitpunkt Welpen haben könnten. Vielleicht müssen Sie Ihre Planung sogar danach richten, wann Sie einen Welpen bekommen könnten. Die Welpenvermittlung oder der Zuchtleiter des nationalen Beagle-Zuchtvereins werden Ihnen gerne Auskunft geben. Wenn Sie einen besonders guten Hund wollen, sollten Sie sich aufs Warten einstellen. Versuchen Sie sich nun, und dabei wird Ihnen der Club auch gerne behilflich sein, anhand der Rassepublikationen ein Bild von den Zuchtzielen, dem Zuchtgebaren und der Qualität der Zuchterfolge der oder

Beaglewelpen müssen mächtige gedrungene und runde Köpfe haben, wenn diese nicht später zu spitz und zu fein werden sollen. Hier ein vielversprechender Welpe aus der Zuchtstätte, Gold Line's (FCI) von Annette und Jesper Pedersen.
Foto: Pedersen, Roskilde

des Züchters zu machen, die für Sie in Frage kämen. Sie werden sicher auch Informationen über die Zuchttiere selbst finden. Haben Sie dann herausgefunden, welcher Züchter wohl das von Ihnen Gewünschte haben könnte, dann sollten Sie zu praktischen Vergleichen übergehen. Versuchen Sie, mehrere Züchter zu besuchen. Aber bitte vereinbaren Sie telefonisch oder schriftlich einen Termin, denn auch Hundezüchter haben ein Recht auf ungestörtes Privatleben!

Wenn Sie dort sind, betrachten Sie sich alles genau. Und fragen Sie. Denn nur dadurch können Sie Informationen bekommen. Wichtige Untersuchungsziele sind nicht nur der Züchter selbst, sondern ebenso der Zustand und das Wesen der Zuchttiere. Ihre Unterbringung, Fütterung und das Maß an Zuwendung, das sie täglich erhalten, die Bindung, die sie offenbar an den Züchter haben, die Art, wie er mit ihnen umgeht, sind immer aufschlußreich.

Für mich gilt weiter als Maßstab: Es ist nicht akzeptabel, wenn Hunde immer nur im Zwinger leben müssen, wenn sie Menschen nur zur Zeit der Zwingerreinigung und der Fütterung sehen. Was ist das für ein Hundeleben, wenn der Beagle nie ins Haus darf, wenn er nie aus dem ihm zur Genüge bekannten Auslauf durch Felder und Wälder laufen darf, wenn er nie in die Stadt kommt? Es ist erbärmlich, wenn unter Berufung auf die „natürliche Haltung" Hunde in Hütten schlafen müssen, die sie, weil sie viel zu groß sind, um im Winter mit der eigenen Körperwärme geheizt werden zu können, nur notgedrungen aufsuchen. Und wenn Hunde kein abwechslungsreiches Futter bekommen, so glaube ich, trotz beredter Versuche der Futtermittelindustrie, nicht, daß diese Fütterung für Hunde artgemäß ist.

Schon als Welpen zeigen gute Rüden und Hündinnen deutlichen Geschlechtstyp - elegant die Hündin. Foto: Manuela Rechtacek

Legen Sie den für Ihr eigenes Leben gültigen Reinlichkeitsmaßstab bei der Beurteilung des Zustandes der Zwingeranlagen, der Freß- und Trinkgefäße und der Zuchthunde selbst an. Glauben Sie nicht, daß es bei Hundezüchtern provisorisch oder gar schlampig zugehen muß.

Und denken Sie immer daran, daß ein gut aufgezogener Hund langfristig gesehen in den meisten Fällen billiger ist als ein schlecht aufgezogener. Sollten Sie zu der Meinung gekommen sein, daß Sie bei diesem Züchter vertrauensvoll einen Hund kaufen könnten, gehen Sie zum Geschäftlichen über. Lassen

Sie sich „Ihres“ Welpen Eltern zeigen, und fragen Sie nach deren Qualifikationen, zum Beispiel erfolgreiche Nachzucht, Ausstellungsprädikate, Anlagen- und Arbeitsprüfungen. Lassen Sie sich Fotos von der Nachzucht vorlegen und Adressen geben, wo Sie nach Vereinbarung die Nachzucht ansehen und mit deren Besitzer sprechen können. Erkundigen Sie sich nach dem Preis des Welpen im Alter von acht Wochen, und fragen Sie, ob der Preis auch Impfungen und Abstammungsnachweise einschließt. Bitten Sie um eine schriftliche Fütterungsanleitung. Fragen Sie, wann Sie den Welpen abholen könnten.

Seien Sie mißtrauisch, sofern der Züchter nichts von Ihnen, Ihren Verhältnissen, Ihrer Wohnung und Ihrem Bewegungsbedürfnis wissen will. Es ist kein gutes Zeichen, wenn ihn die Zukunft seiner Welpen nicht interessiert. Und sagen Sie eindeutig, welche Aufgaben Ihr Hund erfüllen soll - Familienmitglied, Jagdgehilfe oder Zucht- und Ausstellungshund. Vereinbaren Sie, daß der Züchter Sie nach dem Wurfgeschehen unverzüglich vom Ergebnis unterrichtet und daß Sie die etwa fünf bis sechs Wochen alten Welpen schon einmal ansehen dürfen.

Fragen Sie dann nach dem Namen des Hundes, vielleicht nimmt der Züchter auf Ihre Wünsche Rücksicht. Stimmen Sie einem eventuellen Wunsch des Züchters zu, daß Ihr Hund zu Zuchtzwecken von ihm benutzt werden kann, so halten Sie dies am besten schriftlich unmißverständlich fest.

Zubehör und „Extras"

Ein Beagle braucht kein gepolstertes Podestchen und keine Wohnmuschel an seinem künftigen Aufenthaltsort. Gleichwohl muß man sich vorbereiten, daß man zu Hause hat, was das künftige Familienmitglied braucht.

Da ist zunächst sein Futtervorrat. Er läßt sich dem Fütterungsplan entnehmen, den seriöse Züchter bei der Besichtigung der Welpen, die seiner Abholung vorausging, mitgeben. Bei diesem Termin sollten Sie auch den großen Zettel, auf dem Sie sich zu Hause alle Fragen, die Ihnen zu dem neuen Hund einfielen, notiert hatten, mit dem Züchter durchgehen. Der Züchter zeigt Ihnen auch, welche Art von Futter- und Wassernapf er für die beste hält.

Musterhafter Kopf einer Junghündin. Foto: Manuela Rechtacek

Der Drahtkäfig ist ein sicherer Aufbewahrungsort, vorübergehend auch mal für mehrere Beagles.
Foto: Isabelle Francais

Da sind weiter die Transporthilfsmittel: Zunächst eine alte Decke, auf der der Welpe im Auto seinem neuen Heim hoffentlich entgegen schläft; vorsichtshalber auch eine Rolle Küchenpapier oder ein paar kleine Frotteehandtücher für den Fall, daß der kleine Hund im Auto spuckt. Und schließlich ein einfaches, gerades, sich nicht zuziehendes Leder-oder Nylonhalsband (Länge und Weite beim Züchter erfragen!) sowie eine in der Länge verstellbare Leine.

Kommen wir zu den Beschäftigungsmitteln, als da sind „Knochen" aus gepreßter und getrockneter Rinderhaut ("Büffelhaut"), deren Form nicht jedermanns Geschmack sind und die auch, wenn weichgekaut, auf Ihrem Perserteppich schmierige Spuren hinterlassen. Die im Hundebedarfshandel erhältlichen getrockneten Ochsenziemer riechen ebenso streng wie die sehr empfehlenswerten, aber energiereichen Stücke luftgetrockneten Seefischs. Erträglicher sind da schon Kauhufe, gekochte und gereinigte, von Schlachtrindern abgezogene Hufe, deren Horn hart und doch verdaulich für Ihren Hund ist. Weltläufige Welpen haben zu Hause absolut ungefährliche Nylonknochen aus den USA, gar mit Schokoladengeschmack oder mit Schinkenaroma.

Als gemeinschaftliches Spielobjekt zum beliebten Tauziehen zwischen Ihnen und Ihrem Hund sind die abgeschnittenen Hosenbeine alter Bluejeans, in die oben und unten je ein großer Knoten gemacht wurde, ebenso beliebt wie ein großes, grobes Hanfseil, das oben und unten mit einem Knoten gegen Aufdröseln gesichert wurde.

Schließlich die Reinigungsmittel. Meist tut's ein feuchtes Frotteehandtuch, wenn Beagle schmutzig vom Spaziergang heimkommen. Zur Not wäscht man sie, und zwar mit Hundeshampoo, das wohl unerwünschten Geruch beseitigt, jedoch nicht das Fett aus dem Fell herauswäscht. Die Reinigung von Zähnen und Ohren erläutert Ihnen am besten der Züchter.

Und jetzt kommt als „Extra" das Universalmittel. Zur Stubenreinheits-Erziehung, zu Ihrer Nervenentlastung und Begrenzung der bekannten Hundeschäden, zur Beruhigung von hundeungewohnten Besuchern zu Hause und von Hoteliers auf Reisen, zur Sicherheit des Hundes, zur Sicherung Ihrer soeben gekauften Gänseleberpastete, der irischen Butter und der Baguettes (in dieser Reihenfolge) im beaglebewachten Auto - außerdem als humane, praktische und sichere Unterbringung auf Hundeausstellungen: Der Klappkäfig.

Es ist durchaus nicht tierschutzwidrig, es ist artgerecht, Hunde befristet in einen Käfig zu sperren. Hunde sind von ihrer Entwicklung her Tiere, die in Erdhöhlen heranwachsen. Sie lieben Höhlen. Hunde, die ihren Käfig auch zu Hause stehen haben, wo er mit geöffneter Tür und ausgelegt mit einem fast unzerreißbaren Polyesterfell als ihre Höhle dient, sind mit ihm vertraut und mögen diesen Platz, insbesondere, wenn sie schon als Welpen nach dem Spielen, nach dem Fressen und über Nacht darin schliefen. Aber vorher hat man sie selbstverständlich ausgeführt. Dann kann man beruhigt die Käfigtür schließen. Muß der Welpe mal, wird er nicht etwa seine Höhle beschmutzen, sondern sich durch Laute bemerkbar machen. Dann wird er herausgenommen und auf den Platz getragen, wo er sich entleeren soll. Während der Nacht kommt er wieder in seinen Käfig. Am Tage darf er ungehindert herumtoben – ein Käfig soll nicht zur ständigen Sicherungsverwahrung mißbraucht werden. So lernt der Hund Stubenreinheit am besten. Kommen hundeungewohnte Besucher, kann er dabeisein und alles beobachten, ohne daß diese sich ängstigen.

Im Auto, auf dem Rücksitz oder im Kombiabteil hat der Beagle Luft und kann sich unbehindert herumdrehen. Er springt aber weder dem Fahrer ins Genick, noch frißt er Eingekauftes auf. Im Sommer kann man bei kurzer Abwesenheit Fenster oder Heckklappe öffnen, um Frischluft für den Hund zu haben, ohne daß er herausspringt.

Eben das verhindert man im übrigen dann auch bei einem Auffahrunfall. Der Käfig läßt sich im Handumdrehen zu einem aktenkoffergroßen Paket zusammenklappen und am Griff wegtragen.

Auf Reisen gehen Hund und Käfig mit. Hoteliers sind beruhigt, wenn man das Hundehaus gleich mitbringt; sie haben

Beagles brauchen weder Teppich noch Kissen. Sie sind auch als Welpen schon recht wetterfest und halten sich gerne im Freien auf. Foto: Autor

Hunde in den Betten verständlicherweise nicht gern. Die Hotelgäste können dann auch beruhigt den Hund im Käfig im Zimmer lassen und ihr Essen im Restaurant einnehmen, ohne daß der Beagle die ungewohnte Einrichtung nach seinen Vorstellungen zusammenstutzt. Es ist sicher auch humaner, den Hund auf einen kleinen Raum zu begrenzen, als ihn mit Halsband und Kette festzuhalten, herumzuziehen oder irgendwo festzubinden. Das gleiche gilt für Ausstellungen. Dort vereitelt man auch, daß alle Besucher den Hund anfassen.

Ein Käfig für einen Beagle muß etwa 60 cm hoch, 50 cm breit und 70 cm lang sein; er ist aus verchromtem, verschweißtem Stahldraht und sollte ein verzinktes herausnehmbares Bodenblech haben, auf dem ein passendes Polyesterfell liegt. Er kostet ungefähr 15 % bis 20 % des Welpenpreises. Viel mehr brauchen Sie zunächst nicht zur Versorgung Ihres Junghundes.

Die Abholung

Die Zeit zwischen Benachrichtigung, erstem Besuch und der Abholung sollten Sie gut nutzen und besonders dann, wenn dies Ihr erster Hund wird, ein gutes allgemeines Hundebuch gelesen haben, das Ihnen vom Züchter oder Zuchtverein empfohlen wurde. Legen Sie die Abholung auf den Beginn eines Wochenendes oder Urlaubs, um sich besser dem neuen Hausgenossen widmen zu können. Proviant für die Reise und Futter nach Anweisung des Züchters sind vorhanden. Nun stürzen Sie sich beim Züchter bitte nicht gleich auf den Welpen! Lassen Sie sich den Wurfabnahmebericht des Zuchtwarts zeigen; hier sind Zustand der Welpen, der Zuchttiere und etwaige Fehler der Welpen vermerkt. Rechnen Sie nach, ob die Welpen schon acht Wochen alt sind. Sind die Impfpässe ausgefüllt? Sind die Welpen tätowiert (Innenseite linkes Ohr in der Bundesrepublik; mit Buchstabe D und sechsstelliger Nummer) oder, nun fast üblicher, mit einem elektronischen Transponder, einem Chip versehen? Sind die Welpen kugelrund, munter, und haben sie ein glänzendes Fell? Sind sie lebhaft und frech? Dies ist die Gelegenheit, ein paar Erinnerungsfotos zu machen.

Machen Sie, während sich Ihr Welpe ein letztes Mal mit all seinen Geschwistern balgt, das Geschäftliche klar: Sammeln Sie Abstammungsnachweis, Impfpaß und Fütterungsanleitung ein. Unterzeichnen Sie den Kaufvertrag und bezahlen Sie. Packen Sie nun Ihren Welpen ein – über die nächsten zehn Jahre wird er Sie begleiten.

Erziehung zum Hausgenossen

Ein nicht oder nicht gut erzogener Hund ist fast immer mehr eine Last als eine Lust, und nimmt man ihn aus dem Haus mit in die Öffentlichkeit, wird er bisher zu Hunden neutral eingestellte Leute bald zu Hundefeinden machen. Daran schuld ist der Besitzer.

Beagles sind lernwillig und, wenn sie im Alter von acht Wochen abgegeben werden, auch lernfähig. Je früher gelernt wird, um so leichter fällt es, und um so besser sitzen die Lektionen. Die verteilt man möglichst über den ganzen Tag, aber in kleinsten Portionen von etwa fünf Minuten. Gelernt wird, wenn der erste Bewegungsdrang ausgetobt ist und unser Welpe noch aufmerksam ist, aber schon etwas ruhiger als unmittelbar nach dem Fressen oder Schlafen. Üben Sie oft. Aber nicht im Kasernenhof - Ton. Lob und Streicheln sind die besten Belohnungen – Ihre Stimme hat viele Nuancen, ohne daß Sie lauter sprechen müssen. Schreien Sie also nicht mit dem kleinen Kerl herum –, er hat ohnehin sehr viel bessere Ohren als Sie. Außer der Stubenreinheit gehört zu einem Hausgenossen das Beherrschen der Hörzeichen „Komm“ oder „Hier“, „Sitz“, „Platz“, „Bleib da“, „Geh in den Korb“ und „Bei Fuß“. Wünschenswert ist für freilaufende Hunde noch „Halt“ oder „Down“ und die vorgenannten Kommandos auch auf Sicht- oder Handzeichen zu befolgen.

Hunde schlafen viel, Welpen noch mehr als erwachsene, tief, fest und voller Vertrauen in die Menschen, denen sie anvertraut sind.
Foto: Isabelle Francais

Die Stubenreinheit

Sie ist zum Teil Veranlagung und Vortraining beim Züchter, zum allergrößten Teil aber Erfolg Ihrer Aufmerksamkeit und Beobachtungsgabe. Nach dem Fressen und nach dem Schlafen muß der kleine Hund nun mal und läuft, mit der Nase am Boden suchend, unruhig umher. Wenn Sie ihn auf den Arm nehmen, bevor das Unglück in der Wohnung passiert ist, und ihn nach draußen tragen, wo er sich auch in Zukunft lösen soll, ist schon viel getan. Wenn er dann das tut, was er soll und muß, und Sie ihn sofort loben und streicheln, ist das halbe Spiel schon gewonnen. Gehen Sie nicht wieder hinein, ehe er etwas gemacht hat. Benutzt man immer das gleiche Zureden, lösen sich erwachsene Hunde sogar auf Kommando. Drinnen sollten Sie mit ihm schimpfen, wenn er sich daneben benommen hat. Lob wird immer in einer hohen Stimmlage, Tadel in tiefer Stimmlage geäußert. Schlagen Sie Ihren Hund nicht. Ein kleiner Klaps ist für wirklich absichtliche Unarten, die beim Hund selten sind, aber auch nicht verkehrt. Seien Sie unerbittlich und konsequent, das wird sich auszahlen.

Übrigens: Einen Welpen nimmt man hoch, indem man von unten seitlich unter seinen Brustkorb faßt, wobei der Zeigefinger zwischen den Vorderläufen durchgreift, Daumen und Mittelfinger hinter den Ellbogen liegen. Wenn Sie nun noch mit der anderen Hand im Nacken greifend stützen, kann nichts passieren. Einen Hund an den Vorderläufen hochzuheben, ist schmerzhaft und unzuträglich, weil die Schulteraufhängung des Hundes anders als beim Menschen konstruiert ist.

Abschließend: Häufiges Hinausführen erspart manches Unglück in der Wohnung, und wenn Sie dem Welpen zwei Stunden vor dem Schlafengehen nichts mehr zum Trinken anbieten, ist er bald auch die Nacht über „dicht“.

Beagles lieben Körperkontakt. Welpen aus mehreren Würfen nach dem wilden Spiel.
Foto: Autor

Alleinsein

Alleinsein behagt keinem Hund, denn er ist ja ein Familien-Fan. Daher muß es trainiert werden. Lassen Sie ihn von Anfang an, zunächst in kurzen Abständen, später in längeren, jeden Tag einmal allein. Er darf Sie dabei weder hören noch riechen können. Aber bleiben Sie in Hörweite. Nur wenn er hartnäckig heult, bellt oder gar an der Türe kratzt, dann tragen Sie ihn schimpfend an seinen Platz zurück. Bleiben Sie hart!

„Sitz!“

Die Erwartungshaltung des Welpen ist, natürlich angelegt, das korrekte Sitzen. Bereiten Sie ihm sein Fressen, wird er aufblickend niedersitzen. Das ist die Gelegenheit, vorher „Sitz“ zu sagen und ihn zu loben. Wenn nötig, kann man ihn auch zum Sitzen bringen, indem man den Hund mit einer Hand unter Kinn und Hals stützt und hinten, mit Daumen und Zeigefinger über das Becken greifend, ihn nach unten und vorn niederdrückt. Das Loben nicht vergessen, wenn er endlich sitzt, und immer das Kommando wiederholen! Es ist ein nützliches Training, wenn er das Fressen nicht eher erhält, bevor er nicht sitzt.

Hat er das Kommando begriffen, können Sie schon mit „Sitz – bleib da“ beginnen, und ihn dabei erst eine halbe, dann eine Minute lang sitzen lassen, bevor er an den nun hingestellten Freßnapf darf. Wir üben „Sitz“ jetzt auch mitten im Spiel oder wenn er sonst irgendwo herumsteht, bis es wirklich „sitzt“.

Leinenführigkeit

Legen Sie Ihrem kleinen Hund ein glattes, kleines, sich nicht zuziehendes Leder- oder Nylonhalsband an, nachdem er sich auf Befehl gesetzt hat.

Er wird versuchen, sich davon durch Wälzen oder Kratzen zu befreien, gewöhnt sich aber bald daran. Tragen Sie ihn nach draußen, lassen Sie ihn sich hinsetzen, und legen Sie ihn an die Leine. Nun locken Sie ihn mit sich, und loben Sie ihn und streicheln Sie ihn, wenn er mitkommt. Bleibt er stehen oder sitzen, so reißen Sie ihn nicht gleich weiter. Sanfter, aber nachdrücklicher Zug ist aber notwendig und sofort einsetzendes Lob, wenn er sich wieder in Bewegung setzt. Üben Sie zuerst, wo es nicht viel Ablenkung gibt und keine Zuschauer. Und lassen Sie sich nicht tyrannisieren – Sie sind der Herr und geben die Marschrichtung und das Tempo an.

Die Kommandos

„Bei Fuß!“ Geht der Welpe brav mit Ihnen an der Leine, wird er auch bald versuchen, das Tempo und die Richtung durch Ziehen zu beeinflussen. Wenn Sie sich später nicht wie ein Schweif des „Kometen Hund“ durch die Gegend ziehen lassen wollen, müssen Sie sich jetzt durchsetzen. Das gleiche gilt, wenn der Hund zum Bummeln neigt. Geben Sie ihm mit der Leine einen scharfen Ruck, der ihn an Ihre linke Seite befördert, und sagen Sie gleichzeitig „Fuß“ oder „Bei Fuß”. Hier wie bei anderen Erziehungsmaßnahmen besteht ein Geheimnis darin, daß Sie veranlassen, daß der Hund sich so verhält, wie er soll, und daß er dafür gelobt wird, auch wenn er es noch nicht aktiv oder selbst getan hat. Also sofort loben, wenn er da ist, wo auch in Zukunft sein Platz sein soll. Eine entschiedene Korrektur ist übrigens besser als zehn halbherzige. Bei stärkeren Hunden ist der Gebrauch eines Kettenhalsbandes, aber wirklich nur für die Erziehungsphase zu empfehlen. Kaufen Sie eine möglichst großgliedrige Kette, die gerade um den Hals des Hundes geht. Um sich bei nachlassendem Zug wieder zu lockern, wird die Kette so angelegt, daß sie, an des Hundes rechter Halsseite nach unten um den Hals, links wieder heraufführt und der Ring, in dem Sie die Leine einhaken, waagerecht zu Ihnen weisend, auf dem anderen, senkrecht stehenden Ring liegt. Bevor Sie die Kette über den Kopf streifen, müssen Sie freilich einen Ring waagerecht liegend festhalten und den Rest der Kette von oben durch ihn durchgleiten lassen. Stachelhalsbänder sind abzulehnen und ein Armutszeugnis für den Erzieher. Später können Sie das „Bei Fuß Gehen" so verfeinern, daß der Hund exakt mit seinem Kopf etwas vor Ihrem Bein, aber eng an der Seite geht und alle Ihre Tempowechsel und Wendungen mitmacht. Gute Erziehungsbücher zeigen hierfür alle Feinheiten. Am Schluß geht Ihr Hund sogar ohne Leine frei bei Fuß –, dann sind Sie ein Könner – und wieder ein freier Mensch!

„Komm!"

Dies ist überhaupt das Wichtigste an der ganzen Hundeerziehung, denn wenn der Hund nicht bei Ihnen ist, haben Sie ja keinerlei Einwirkungsmöglichkeit auf ihn. Nur mit diesem Kommando können Sie ihn anfänglich auch vor Gefahren schützen, ihn überhaupt zu Ihrem Begleiter machen. Kein Hund gehorcht von Natur aus. Grundrezept ist auch hier wieder, ihm das Gehorchen zu verannehmlichen, und den Nichtgehorsam unangenehm zu machen. Das bedarf eigentlich keiner Strafe. Rufen Sie Ihren kleinen Hund zu sich. Kommt er, was er am Anfang durchaus tut, aus Neugier schwanzwackelnd auf Sie zu, empfangen Sie ihn freudestrahlend, und streicheln Sie ihn. Loben Sie ihn in hoher Stimmlage. Kommt er nicht, was meist nur daran liegt, daß ihm gerade etwas Interessanteres durch den kleinen Kopf geht, dann rufen Sie ihn noch einmal etwas schärfer „Komm!" und setzen seinen Namen hinzu. Schaut er Sie jetzt an, dann lassen Sie ihn merken, daß ihn bei Ihnen Streicheln und vielleicht ab und zu auch eine kleine freßbare Belohnung erwartet, – Beagles tun fast alles auf der Welt fürs Fressen!

Erwarten Sie aber nicht, daß diese Methode ewig funktioniert. Sind Sie draußen mit ihm, und er kommt nicht, drehen Sie sich um und gehen fort von ihm. Laufen Sie ihm ja nicht nach! Denn dann hätte er das neue „Verfolgungs-Spiel" entdeckt, das mancher

Hund mit seinem Herrn, der dies meist wegen seiner weniger zahlreichen Beine und schlechterer Kondition ohnehin verliert, sein ganzes Leben immer wieder spielt. Ist der Welpe noch weiter weg, so rufen Sie ihn scharf. Dreht er den Kopf, um nach Ihnen zu sehen, so rufen Sie ihn scharf und hocken sich dabei hin. Jeder Hund glaubt, die Verkleinerung Ihrer Figur sei darauf zurückzuführen, daß Sie sich ganz schnell weit entfernt hätten, und kommt fast immer zurück. Während er zurückkommt, rufen Sie ihn immer freundlicher, je näher er ist und loben, und streicheln Sie ihn am Schluß. Im Gegensatz zum Schelten oder Strafen können Sie beim Loben ruhig übertreiben – Sie hätten das im Berufsleben ja manchmal auch ganz gerne!

Wenn Ihr Hund mit anderen Hunden spielt oder anderen Passanten nachläuft, schimpfen oder strafen Sie nie, sondern gehen Sie und sammeln Sie Ihren Hund wortlos ein. Bald müssen Sie aber damit rechnen, daß der Gehorsam aus der Angst des Verlassenwerdens mit steigendem Selbstbewußtsein und zunehmender Neugier verschwindet. Seien Sie froh, denn dann entwickelt sich Ihr Begleiter richtig. Aber lassen Sie nichts durchgehen. Vielmehr beginnt jetzt der Ernst des Lebens. Jetzt lassen Sie im Haus dem Hund das Halsband stets um und befestigen daran eine etwa einen Meter lange, dünnere Wäscheleine. Die schleppt er nun immer mit sich herum. Jetzt rufen Sie ihn öfter, und zwar zunehmend dann, wenn er offensichtlich nicht dazu aufgelegt ist. Und warten Sie nur Sekunden, bis Sie mit der Leine, die Sie zuvor schon in die Hand genommen haben, nach anfänglichem Ruck stetig den Hund zu sich heranholen, mit dem Lob zunehmend, bis Sie ihn, bei Ihnen angekommen, streicheln. Wiederholen Sie dieses Spiel unermüdlich immer wieder, bis die Lektion sitzt, und lassen Sie kein einziges Mal Ungehorsam durchgehen. Kommt der Welpe nun zuverlässig immer – daß es ihm manchmal sinnlos erscheint, müssen Sie ihm zugestehen und sich über seinen unmutigen Gesichtsausdruck nicht ärgern –, dann können Sie es versuchen, ohne die Leine zu ergreifen und im Haus bald ohne Halsband. Einmaliges Rufen muß genügen; nur wenn Ihr Hund schläft, dürfen Sie wiederholt rufen.

Beagles liegen gerne da, wo ihre Menschen sich sonst aufhalten. Auf dem Sofa. Foto: Manuela Rechtacek

Es ist schwer dem Ausdruck dieser Augen zu widerstehen - Beagles betteln geradezu oskarverdächtig! Hier Ahlschlägers Willy beim Üben.
Foto: Andrea Ahlschläger

Das Schema der Einübung ist immer das gleiche: Sitzt die Lektion zu Hause ohne Nachhelfen, dann können Sie nach draußen gehen, zuerst an Plätze, an denen der Hund nicht noch zusätzlich durch Passanten oder andere Hunde abgelenkt wird. Beginnen Sie hier wieder mit Nachhilfe, wenn ohne sie nicht absolut zuverlässig gehorcht wird. Sitzt das hier hernach auch ohne Leine und Halsband, können Sie wieder in die nächst reizreichere Umweltsituation umziehen. Die Steigerung ist fast immer: Wohnung, Hof, Garten, Straße, Wald und Feld.

Gehorcht Ihr Hund nun auf nähere Entfernung zuverlässig, so steigern Sie auch die Entfernung. Behalten Sie sich auch hier mit der längeren Feldleine immer eine körperliche Einwirkungsmöglichkeit vor, und wenden Sie diese nach zwei bis drei Sekunden ohne Reaktion nachdrücklich an. Loben Sie den Hund beim Herankommen, und lassen Sie sich nie dazu herab, Ihren Hund zu schelten oder gar zu strafen, wenn er zu Ihnen herkommt. Dann hatten Sie sich alle Ihre bisherige Mühe sparen können – der Hund muß mit dem Herankommen zu seinem Herrn ausschließlich angenehme Erfahrungen verknüpfen! Bald können Sie statt des Rufens (anfangs unmittelbar nach dem Rufen) eine Hundepfeife verwenden.

Ich bin kein Freund der Metallpfeifen – sie zerlegen sich beim Gehen immer in ihre Einzelteile, die geschraubt sind, und bei strengem Frost kleben sie an den Lippen. Ich bevorzuge die zweiseitige Pfeife aus echtem Horn, wobei der „glatte“ Pfiff (die andere Seite erzeugt einen Trillerpfiff) für das Herankommen benützt wird. Bitte üben Sie mit Ihrem Hund nicht das Herankommen auf Pfiff auf dem Bahnsteig, das gibt Ärger!

Übrigens: Sie sollten Ihrem Hund Halsband und Leine jeweils nicht anlegen oder abnehmen, bevor er nicht ruhig sitzt – dadurch vermeiden Sie das lästige Herumtoben und Bellen oder gar das Hochspringen, das stets dann geschieht, wenn Sie im schwarzen Tuchmantenl gewandet sind und Ihr Hund in einer recht schlammigen Pfütze steht.

Hochspringen ist ohnehin eine Unart, die sich vermeiden läßt, wenn Sie den hochspringenden Hund nie loben, ihm vielmehr unauffällig auf die Hinterpfoten treten. Grundsatz: Gelobt oder gestreichelt wird ein Hund nur, wenn er alle vier Pfoten am Boden hat, das hilft am besten.

„Geh in den Korb!“

Wie kleine Kinder haben auch Hunde immer die Nase vorn, wenn Herrchen auf dem Boden sitzt und die Steckdose repariert. Überhaupt glauben Beagles stets, daß jede Tätigkeit zu freßbaren Ergebnissen führt und daß ihre Mitwirkung dabei unerläßlich ist. Sollte das nicht der Fall sein, muß es so eingerichtet werden, daß Ihr Beagle auf ein bestimmtes Kommando zu seinem Schlafplatz geht und dort bleibt. Dieser Schlafplatz soll vom ersten Tag an der gleiche bleiben. Deshalb sollte er, vor der Abholung des Hundes beim Züchter, ausgesucht und ausgestattet werden. Er soll dort sein, wo der Hund anfänglich nicht viel kaputtmachen kann, wenn er unbeaufsichtigt ist. Er soll dem neugierigen Beagle Überblick über das Tagesgeschehen ermöglichen, deshalb ist die Diele oft der beste Platz. Hunde lieben höhlenartige Behausungen, also wird ein Platz beispielsweise unter einer Dielenbank immer gerne angenommen. Dort plaziert man anfangs einen kleinen, festen Karton von ungefähr 30 ¥ 50 cm Grundfläche, dessen Rand auf 10 cm Höhe zugeschnitten ist. Dieser Karton steht in einem fast ebensogroßen Karton, in den Sie eine dicke Lage Wellpappe gelegt haben –, so wird die Bodenkälte ferngehalten. Die andere Möglichkeit ist der vorbeschriebene Drahtkäfig.

Nachdem Ihr Hund mit etwa 6 Monaten die zweiten Zähne bekommen hat und nicht mehr so viel anbeißt und benagt, können Sie den Karton durch einen Korb oder, wie ich es bevorzuge, eine Kiste ersetzen. Die anfängliche alte Decke, als Einlage, die peinlich sauberzuhalten ist, kann bald durch ein im Hundebedarfshandel erhältliches Polyesterfell ersetzt werden, das der Hund bald als sein persönliches Eigentum betrachtet.

Draussen sind Beagles glücklich. Es gibt immer etwas zu entdecken. Foto: Manuela Rechtacek

Wenn der Hund an diesen seinen Platz flüchtet, sollten Sie ihn auch nach Missetaten nicht strafen, sondern höchstens mit ihm schelten. Trotzdem muß er dulden, daß Sie ihn nicht nur im Schlaf aus seinem Korb heben, sondern auch daraus entfernen können, was er sich ohne Erlaubnis zum Spielen da hinein geholt hat, wie beispielsweise die Nerzjacke der Gattin, an der man so prächtig reißen kann. Ihr Hund muß sich anfassen und untersuchen lassen, und das kann man auch üben. Sonst wird Ihr erster Gang zum Tierarzt und eine eventuelle Behandlung für den Hund zur Aufregung, für Sie zum Schwitzbad, für die Zuschauer ein Spektakel zum Kopfschütteln und für den Tierarzt eine Zumutung.

Auch hier wie bei dem Auf-den-Platz-schicken kann nur Übung helfen. Und viel Lob. Anfangs muß man sicher den Hund auf seinen Platz tragen, dort streicheln und beruhigen, und mit dem bereits erlernten „Sitz!" zur Ruhe bringen. Ein gedehnt gesprochenes „Bleiiiiib da!" hilft ihm, diesen Begriff zu erlernen. Bald danach, wenn er offensichtlich mit dem Kommando verknüpft hat, was er soll, kann man ihn auch am Nackenfell greifen und zu seinem Platz ziehen, damit er lernt, daß jeder Befehl unbedingt befolgt werden muß.

Besonders während der Mahlzeiten empfiehlt sich, den Hund auf seinen Platz zu schicken. Bringen Sie Ihren Beagle ebenso unermüdlich in den Korb zurück, wie er herauskommt, wenn er nicht soll. Aber bedenken Sie, daß es sich noch um einen Junghund handelt und nicht um einen in Ehren ergrauten Diensthund. Seien Sie menschlich zum Hund!

„Platz!"

Die korrekte Platzlage ist die der Sphinx. In der Platzlage beruhigt sich der Hund, Aggressionen werden abgebaut, der Hund beobachtet aufmerksam und ruhig, was um ihn vorgeht.

Hat Ihr Hund „Sitz" gelernt, dann wird er anfänglich so in die Platzlage gebracht: Sie stellen sich vor den sitzenden Hund und ziehen ihm entweder beide Vorderläufe nach vorn, bis er korrekt liegt, wobei Sie durch leichten Druck von oben auf den Nacken ein Aufstehen verhindern; oder Sie heben einen Vorderlauf leicht vom Boden und drücken gleichzeitig an der diesem Vorderlauf gegenüberliegenden Schulterseite seitlich in Richtung der ungestützten Körperseite. Der Hund verliert das Gleichgewicht, und während sie den angehobenen Vorderlauf zum Liegen führen, legt sich Ihr Beagle hin. Wiederholen Sie dabei stets das Kommando, und halten Sie den Hund anfänglich fest, damit er nicht wieder aufsteht. Verlängern Sie die Liegezeiten nun, und wiederholen Sie immer wieder. Loben Sie Ihren Hund! Später brauchen Sie nicht mehr beim Ablegen nachzuhelfen, sondern anfänglich genügt ein leichtes Klopfen mit der flachen Hand auf den Boden vor den sitzenden Hund in Verbindung mit dem Kommando, um ihm zu zeigen, was Sie von ihm wollen. Wenn das zu Hause sitzt, verlegen Sie den Ort der Handlung wieder, bis es überall und für beliebig lange Zeit klappt, auch dann, wenn der Hund Sie nicht sieht, riecht oder hört.

"Bleib da!" Bis jetzt haben Sie Ihren Hund aus dem Sitzen und Liegen immer wieder zu sich herangerufen, und wenn er, erlöst, freudig zu Ihnen kam, haben Sie ihn überschwenglich gelobt... Nach dem Kommando „Bleib da!", das man am besten gedehnt ausspricht, muß man sich zum Grundsatz machen, daß hier der Hund immer abgeholt wird, das heißt, Sie gehen zu ihm hin (wobei er immer sitzen- oder liegenbleiben muß) und leinen ihn an. Dann erst sagen Sie „Komm", und dann erst darf er sich erheben. „Bleib da!" ist immer ein Zusatzkommando zu „Sitz" oder „Platz". Wenn Sie wollen, auch zu „Geh in den Korb".

„Down" oder „Halt!"

Dies ist ein schweres und hohes Abrichteziel, aber für Hunde, die auch in Feld und Wald frei laufen sollen, unerläßlich. Auf dieses scharf gesprochene Kommando muß der Hund blitzartig in die „Haltlage" fallen, das heißt, er liegt wie bei „Platz" wie eine Sphinx, legt aber dazu noch den Kopf auf die Vorderpfoten oder dazwischen. Der Sinn der Übung ist, ihm möglichst, und das besonders in Feld und Wald, alles aus der Sicht zu entziehen, was ihn zum Nachlaufen oder Bellen oder Winseln veranlassen könnte. Natürlich wird auch „Down" (sprich: Daun!) zuerst zu Hause, mit Festhalten des Kopfes nach Niederdrücken gleichzeitig mit dem Kommando, geübt. Auch hier wieder: in die nächst reizreichere Umgebung verlegen, wenn es absolut sitzt. Bei diesem Kommando muß immer wieder darauf hingearbeitet werden, daß der Gehorsam blitzartig erfolgt und sofort. Ausführliches darüber steht in guten Jagdhunde-Abrichtebüchern. Und vergessen Sie nicht, Ihren Hund zu loben, mit ihm nach der Erziehung zu spielen, zu schmusen und spazierenzugehen!

Ruf-, Sicht- und Handzeichen. Bis jetzt haben Sie Ihren Hund kommandiert. Noch besser ist, wenn er lernt, daß es für alles auch ein Handzeichen gibt und er das alles ebenso wie die Lautzeichen befolgt. Für „Sitz" nimmt man die erhobene Hand mit erhobenem Zeigefinger, für „Platz" die zum Hund weisende Handinnenfläche, in Brusthöhe gehalten.

Draussen sind Beagles immer gespannt und aufmerksam, aktiv und unternehmungslustig. Foto: Isabelle Francais

Eine Beagle-Ikone bleibt der berühmte Ch. Beacott Buckthorn aus der zucht von Phil und Sylvia Tutchener mit unzähligen Schauerfolgen und bester Nachzucht. Foto: Tutchener, GB

Für „Down" oder „Halt" wird der rechte Arm mit zum Hund weisender Handinnenfläche hochgereckt – auch dieses soll Ihr Hund zuerst zu Hause erlernen und beherrschen, bevor Sie es draußen versuchen. Sitzt das „Halt" auf Ruf- und Handzeichen, dann üben Sie es auch noch auf Trillerpfiff – dies ist, wenn eingeübt, so ziemlich das sicherste Mittel, einen Hund zu beherrschen.

Ein Wort zum Autofahren

Viele Hunde fahren ausgesprochen gern im Auto mit, und wenn Ihr Hund erst gemerkt hat, daß nach der Autofahrt meist auch ein Spaziergang folgt, dann behagt es ihm bald ganz besonders. Es gibt freilich auch empfindsame Seelen, besser gesagt, Mägen, unter den Beagles. Sie werden seekrank. Mit ihnen muß man es anders versuchen. Auch hier die Methode der langsamen Reizsteigerung. Lassen Sie den Hund erst einmal im stehenden Auto. Wenn es sein muß, füttern Sie ihn sogar dort, damit er mit dem Auto angenehme Erfahrungen verknüpft. Wenn das gut geht, dann fahren Sie mit ihm ein kurzes Stück und reden dabei mit ihm – Ihre Mitfahrer können ihn beruhigend streicheln. Aber bitte fahren Sie nicht wie ein Rallyefahrer in die Kurven und beschleunigen und bremsen Sie nicht wie ein vermeintlicher Kavalier! Vergrößern Sie allmählich die Strecken und Zeiten, die Geschwindigkeiten und fahren Sie kurvenreichere Strecken.
Aus Sicherheitsgründen ist der beste Platz für den Hund in der Limousine auf einer Decke oder Matte im Fußraum des Beifahrers. Im Kombiwagen empfiehlt sich die Beförderung am besten im Laderaum hinter einem gegen Decke und Laderaumboden verspannten Hundegitter, dessen Bodenfläche mit einer passend geschnittenen Kokosmatte mit Gummirücken ausgelegt ist –, dann hat Ihr Hund ein Luxusappartement. Auch hier ist wieder die Alternative der Drahtkäfig, der einfach in den Laderaum hineingestellt und gegen Verrutschen gesichert wird.
Sollte Ihr Hund im Auto den mitgenommenen Sonntagsbraten ergattern und bereits im Maul haben, Sie ihm den aber nicht gönnen, dann rufen Sie „Aus" und fassen ihm mit Daumen und Zeigefinger von oben über den Fang, greifen Sie fest auf die obere Zahnreihe, wobei Sie die Lefzen miteinklemmen, und schütteln Sie den ganzen Kopf hin und her, bis er ausgibt. In diesem Falle ist Schimpfen am Platze.

Jagdhund mit Dickschädel

Jeder Beagle-Besitzer – und auch der Welpenkäufer – muß wissen, daß der Beagle ein Jagdhund ist. Und zwar einer, der zum Jagen keine menschliche Assistenz braucht. Das kann er allein viel besser, schneller, und es macht ihm viel mehr Spaß. Kein Wunder, wenn die Rasse fünfhundert Jahre lang nur auf beste Jagdleistung und nichts anderes gezüchtet wurde.

Ohne Anleitung, ganz von selbst lernt der Beagle, und das meist zwischen dem achten Monat und eineinhalb Jahren, wie man eine Fährte findet, freudig mit dem Schwanz wackelt und, wenn es eine Wildfährte ist, äußerst vernehmlich bellend auf ihr entlangrennt. Jeder Beagle findet Jagen viel besser als alle anderen Reize, sogar sein Fressen würde er dafür stehenlassen. Und das will bei einem Beagle schon etwas heißen. Da nun aber nicht jeder Beagle-Eigner ein Fürst mit eigener Jagd beziehungsweise sein eigener Förster ist, geht das in der Mehrzahl der Fälle nicht eben einfach so. Abgesehen davon, daß manche Jagdberechtigte fast immer Gründe finden, auf Ihren wildernden Hund zu schießen, ist die heute anzutreffende Verkehrs- und Straßendichte wirklich lebensgefährlich für einen blindlings einer Fährte folgenden Hund, der buchstäblich nichts anderes mehr sieht und hört. Es sind aus meinem Bekanntenkreis beim Jagen genug Beagles vom Zug oder Automobil überfahren oder von Jagdpächtern unauffällig beim Wildern erschossen worden. Ich kann Ihnen deshalb nur raten, einen Hund mit Jagdneigung in wildreichen Gegenden an der Leine zu halten oder ihn nur dann von der Leine zu lassen, wenn Sie ihn ständig beobachten können und er auf Zuruf sofort zu Ihnen zurückkommt. Wenn Sie einen Förster oder Jäger sehen, nehmen Sie Ihren Hund besser sofort an die Leine, um Belehrungen und Auseinandersetzungen zu vermeiden.

Beagle-Hündinnen sind geduldige und sorgsame Mütter. Hier Ch. Jesson Apricot aus der Zucht von Honor und Jasper Eades, GB, mit sechs Welpen, Ton in Ton. Foto: Warneke

Zum Verständnis muss hier ganz klar gesagt werden, daß das Arbeiten einer frischen Wildfährte den Beagle ganz offenbar in einen rauschhaften Zustand versetzt; auch einen wohlerzogenen Vertreter seiner Rasse können Sie in Maximallautstärke zu sich heranrufen, wenn er in nur einem Meter Entfernung auf der Fährte spurlaut vorbeirennt: null Erfolg !! Sie könnten ihn wohl nur bremsen, wenn Sie sich auf ihn werfen und festhalten. Aber wer kann das schon !?

Wenn Ihr Hund aber schon einmal beim Jagen verschwunden ist, laufen Sie ihm keinesfalls nach. Einerseits sind Sie für Querfeldeinlauf sowieso ungeeignet, andererseits ist Ihr Hund auf vier Beinen wesentlich schneller. Außerdem hält er Ihr Rufen für jagdliche Anfeuerung und fühlt sich, wenn Sie mitrennen, in guter Gesellschaft und befleißigt sich, Ihnen die Fährte noch schneller auszuarbeiten, nachdem Sie die Nase sowieso nur gelegentlich auf den Boden bringen und sich dann jedesmal vor dem Weiterlaufen fluchend wieder aufrappeln müssen.

Bleiben Sie also, wo Ihr Hund weggelaufen ist, oder lassen Sie, wenn Sie schon Förster und Tierheim verständigen gehen, einen Bekannten mit der Leine zurück. Denn sehr wahrscheinlich kehrt der Hund an den Platz zurück, wo seine Extratour begann.

Gehen Sie mit mehreren Hunden oder Menschen spazieren, ist die Gefahr des Weglaufens groß. Entweder stiftet ein anderer Hund Ihren Hund zum ‚Arbeiten' an oder umgekehrt. Oder Ihr Hund merkt, daß Ihre Aufmerksamkeit ihm nicht ungeteilt zukommt. Das wird er ausnutzen.

Wenn Ihr Hund dann endlich zurückkommt, loben Sie ihn. Und heben Sie das Schimpfen für sich selbst auf, denn entweder haben Sie ihn nicht ausreichend beobachtet und zum Zurückkommen auf Ruf oder Pfiff erzogen, oder Sie haben ihn nicht an der Leine gehalten. Und Strafen und Schlagen ist ja sogar in unterentwickelten Landstrichen in der Grundschule abgeschafft. – Sie und Ihr Hund sind doch zivilisierte Menschen! Und wenn Sie schon Ihren aufgestauten Ärger loswerden wollen, dann schimpfen Sie laut und lange auf die Hundesteuer. Die hat es nämlich verdient!

Canine Good Citizen

Dieser amerikanische Begriff beschreibt unübertrefflich gut, was Ihr Hund sein sollte : ein Hund, der aber eben ein guter Mitbürger ist. Die Welt besteht ja nicht nur aus Leuten, die Hunde mögen, sondern auch aus solchen, die Hunden neutral gegenüberstehen und aus Leuten, die Hunde nicht mögen. Das ist deren gutes Recht. Wenn man Hunde mag, und nur solche lesen dies Buch, sollte man es als Mission empfinden, von den Neutralen möglichst viele auf die Seite der Hundefreunde zu ziehen und den Hundefeinden wo möglich den Wind aus den Segeln zu nehmen.

Das heißt, dass Ihr Hund sich so benehmen muss, dass jeder Andere ihn am liebsten selbst besäße. Was Neutrale und Hundefeinde am meisten stört, sind erwiesenermaßen: fremde Leute aufdringlich abriechen, Bellen, an fremden Leuten hochspringen und ganz unbeliebt, das Hinterlassen von Hundekot in öffentlichen Anlagen, auf Kinderspielplätzen, auf Gehwegen und überall, wo Leute gehen und sauber machen müssen. Auch Sie treten nicht gerne in Hundekot, nicht wahr? Also sollten Sie vom Welpenalter Ihres Hundes an in jeder Kleidung, in der Sie mit dem Hund rausgehen, kleine Kunststofftüten in der Tasche haben. Und wenn Ihr Hund dann doch was Großes gemußt hat, fahren Sie mit der Hand in die Tüte wie in einen Handschuh, greifen das corpus delicti, nehmen es auf und halten es fest und ziehen dann mit der anderen Hand die Tüte auf links. Schon ist's sauber wie zuvor, Sie haben saubere Hände und die Tüte wird verknotet und wandert in den nächsten Mülleimer. Ich habe immer wieder in Städten Streit mit Hundehaltern, die den Kot ihrer Hunde nicht aufsammeln. Denen biete ich dann immer demonstrativ eine Tüte an, meine Investition in die Kampagne ‚Canine Good Citizen'.

Bellen kann man an- und abgewöhnen. Wie alle Erziehung muss dies konsequent und im Bellfalle sofort erfolgen. Hochspringen: nur jene Hunde springen überhaupt hoch, die man von Anfang an gestreichelt hat, wenn sie hochsprangen, oder gar gefüttert. Von unseren Hunden springt eine Hündin gerne an fremden Menschen hoch. Also kommt sie an die Leine, wenn uns jemand entgegenkommt.

Versetzen Sie sich in die Lage von Hundefeinden und verhalten Sie sich mit Ihrem Hund so, dass jeder Hundefeind auf Sie neidisch wird, weil Sie einen so tollen, wohlerzogenen Hund haben!

Jeder Beagle ist dank seiner Fellzeichnung unverwechselbar.
Foto: Isabelle Francais

Wollen Sie mehr?

Wenn Sie Ihren Hund erst einmal gut erzogen haben und er Ihnen beigebracht hat, daß er ein durchaus respektables Familienmitglied ist, dann liegt ein erfülltes Leben vor Ihnen, denn alles werden und können Sie zusammen mit Ihrem Hund erleben. Und er wird Ihnen nicht nur, weil Sie durch ihn mehr über menschliches und tierisches Verhalten lernen, mehr Einsicht in Sie selbst vermitteln, sondern Sie werden auf Ihren Gängen mit ihm viel von Natur und Umwelt wahrnehmen.

Wenn Sie dieses besonders in Wald und Feld erleben, mag in Ihnen der Wunsch entstehen, die jagdlichen Fähigkeiten Ihres Weggenossen zu fördern. Und wenn Sie Ihren Beagle erfolgreich zu jagdlichen Prüfungen geführt haben sollten, erwacht vielleicht in Ihnen die Liebe zur Jagd. Und sollten Sie zum Jäger geworden sein, vergessen Sie nicht, wer Sie dahin geführt hat: der Beagle! Schließlich sind das die schlechtesten Jäger nicht, die über den Hund zur Jagd gekommen sind.

Es mag auch sein, daß Sie Ihren Hund so schön finden, daß Sie ihn gern zeigen oder ihn zur Zucht verwenden wollen. Auch in diesem Falle bleibt der Züchter Ihres Hundes ein guter Berater. Besitzen Sie einen Rüden, und ist er ein ganz hervorragendes Exemplar seiner Gattung, werden ihn Ausstellungen, auf denen er möglichst gewinnt, bekannt machen und noch mehr erfolgreiche Ausstellungen stets in der Erinnerung der Hündinnenbesitzer halten. Außerdem muß er nicht nur jagdliche Anlagenprüfungen, sondern auch Arbeitsprüfungen absolviert haben, um vor seinen Konkurrenten bestehen zu können. Es sei denn, Sie hätten eine eigene Hündin, mit der Sie züchten wollen.

Dreifarbige Beagles werden fast schwarzweiß geboren, Kopf, Ohren, Schultern und Schenkel werden erst fast allmählich braun.
Foto: Andrea Ahlschläger

Die Zucht

Voraussetzungen

Die erste Voraussetzung für das Züchten von Hunden sind erstklassige Zuchttiere. Die zweite viel Zeit und Geld, das bestenfalls nach dem Verkauf der Welpen wieder hereinkommt. Die dritte die räumlichen Erfordernisse.

Es gibt keinen Grund, warum mit Hündinnen unbedingt gezüchtet werden muß. Unverheiratete, kinderlose Damen werden ja schließlich auch 90 Jahre alt und sind gesund. Aber wenn Ihre Hündin selbst von guten Zuchttieren stammt, in allen Charaktereigenschaften und im Äußeren wirklich sehr gut oder gar vorzüglich ist, wenn sie auch die jagdlichen Anlagen ihrer Vorväter geerbt hat, dann könnten Sie mit ihr züchten. Welche Voraussetzungen hierfür formell vorliegen müssen, sagt Ihnen der Züchter Ihrer Hündin oder der Zuchtleiter Ihres Beagle-Zuchtvereins. Er empfiehlt Ihnen gern auch die zwei oder drei sehr guten Bücher, die sich mit der Zucht von Hunden beschäftigen.

Zeit werden Sie für's Züchten brauchen. Zuerst die Zeit, um mit Ihrer Hündin, wenn es soweit ist, zum Deckrüden zu fahren, dann die Zeit, bei Ihrer Hündin zu sein, wenn sie wirft. Und dann die viele, viele Zeit, sich mit den Welpen zu beschäftigen, wenn sie erst älter als vier Wochen sind.

Und dann die viele Zeit, von der Kraft ganz zu schweigen, um die Welpen und

Fellfarbe für Kenner und Fortgeschrittene - Tony Tergy in rot/weiß Foto: Manuela Rechtacek

ihre Umgebung so penibel sauber zu halten, wie es eigentlich selbstverständlich ist. Viele Züchter nehmen mehrere Kilo Körpergewicht ab, wenn sie Welpen zu betreuen haben.

Geld ist auch vonnöten. Am Anfang die Deckgebühr, die sofort nach dem Decken an den Deckrüdenbesitzer fällig ist: derzeit zwischen 200 und 500 Euro in der Bundesrepublik Deutschland. Dann die zusätzlichen Futterkosten für die hochwertigere Ernährung der trächtigen Hündin.

Sind die Welpen vier Wochen alt, beginnt die Zufütterung. Mit meist mit Fertignahrung für Welpen, dann mit größeren Brocken. Und daß da nicht gespart werden kann, versteht sich von selbst. Dazu kommen die Eintragungsgebühren und die Grundimmunisierung, bevor die Welpen abgegeben werden.

Fragen Sie einen Züchter – er wird Ihnen die Rechnung aufmachen. Hinzu kommen gelegentlich Quark, Milch,

Eier, Honig und verschiedene Zusätze ebenso wie Flocken und Gemüse – das summiert sich schnell!
Die räumlichen Erfordernisse für eine naturnahe Aufzucht eines Wurfes sind nur äußerst selten in einer Etagenwohnung zu finden - die Zuchtvereine haben hierfür erprobte Mindestanforderungen, die sie auch durchsetzen. Richtiger ist eine Wohnung mit Garten und befestigter Freifläche, auf denen die kleinen Teufel sommers und winters unter Aufsicht toben und spielen können. Ohne ständige Reinigung geht da nichts, und Sie sollten sich darauf gefaßt machen, daß Sie den Garten später neu anlegen müssen. Wo nicht den ganzen Tag eine erwachsene Person die Aufsicht und Betreuung der Welpen besorgt und dies auch gerne tut, sollte nicht gezüchtet werden – menschliche Zuwendung kann durch nichts ersetzt werden und ist für die soziale Prägung der Welpen unerläßlich.
Wie Sie sehen, ist Züchten allein schon den Voraussetzungen nach gar nicht so einfach. Wenn Sie aber nur gerade so darauf loszüchten, ohne Programm und Ziel, werden Sie nur mit der Wahrscheinlichkeit eines „Großen Loses" einen hervorragenden Welpen züchten. Deshalb müssen Sie sich Ziele setzen.

In Deutschland gezüchtet aber amerikanisch im Typ: Ch. Sweet Connection's Bar Espresso von Silvia und Andreas Derscheid in Solingen

Ziele

Da die von Ihnen gezüchteten Hunde untrennbar mit Ihrem Zwingernamen verbunden sind und der wiederum mit Ihrem Namen als Züchter, sollten Sie mit nichts weniger als nur der allerersten Qualität zufrieden sein. Das betrifft die Qualität der gezüchteten Hunde ebenso wie die Qualität der Welpenkäufer, die Qualität der Aufzucht wie die Intensität, mit der Sie mit den von Ihnen gezüchteten Hunden lebenslang Kontakt halten sollten.

Machen Sie sich nichts vor, indem Sie ganz allein über die Qualität der Welpen urteilen – ziehen Sie lieber einen versierten Züchter hinzu. Es sollte selbstverständlich sein, daß Züchten nur der Verbesserung der Rasse, nicht nur der Vermehrung der Zahl dient. Wenn nicht mindestens ein Hund aus Ihrem Wurf so gut oder möglichst besser ist als seine Eltern, dann sollten Sie entweder nicht weiterzüchten oder noch einmal eine andere Paarung versuchen. Manchmal ist es sinnvoller, mit dem Erstlingshund im Haus nicht zu züchten, denn der ist meist nicht mit dem Ziel des Züchtens ausgewählt worden. Dann sollte eine erstklassige Zuchthündin dazugekauft werden.

Ein weiteres Fundament für die Zuchtergebnisse ist die Gestaltung der Aufzucht. Wesensfeste, selbstbewußte Hunde haben einen guten Teil ihrer Lebenserfahrungen schon beim Züchter gesammelt, und ihre gute Gesundheit und Entwicklung ist der naturnahen Unterbringung mit viel Auslauf in Hof und Garten zu verdanken. Sich zu behaupten haben sie im kämpferischen Spiel mit ihren gleichaltrigen und erwachsenen Artgenossen gelernt.

Eines Ihrer Hauptziele muß also sein: daß Sie den Käufern Ihrer Welpen ebenso gute oder gar bessere Hunde übergeben, als Sie selbst erhielten, als Sie Ihren ersten Hund erstanden. Daß dies nicht leicht ist, kann Ihnen jeder Kundige bestätigen –, aber wenn Sie auf eine Heerschar hervorragender Hunde blicken können, die allesamt Ihren Zwingernamen tragen oder von den von Ihnen gezüchteten Hunden abstammen, dann hat sich all die Mühe, Arbeit und manche durchwachte Nacht gelohnt!

Beagles sind gerne aktiv. Foto: Isabelle Francais

Verwendung für die Jagd

Im Mutterland: Meutehund

Seit dem Entstehen der Rasse ist der Beagle stets ein Spezialist für die Meutejagd auf den Hasen gewesen. Noch heute erfüllt in Großbritannien diese Tätigkeit die Funktion, die Hasenpopulation im von der Meute bejagten Gebiet zu kontrollieren und eine Auslese der geschicktesten und kräftigsten Hasen, nämlich der, die den Hunden entkommen, für die Fortpflanzung vorzunehmen. Der Meuteführer oder „Master“, die eingeschriebenen Mitglieder der Meutevereinigung und die Landwirte der Region, in der die Meute jagt, treffen sich im Frühherbst zur Lagebesprechung. Die Landwirte tragen ihre Beobachtungen vor, die sie während des Jahres hinsichtlich des Hasenbestandes gemacht haben. Aus Erfahrung kann dann gesagt werden, und dies wird abgestimmt, wie viele Hasen in der etwa von Ende Oktober bis etwa Ende März währenden Saison erlegt werden sollen.

Bis zum Beginn der Saison hat der Master die Meute gepflegt, zusammen mit seinen meist zwei „Whipper-In's“, die als lange Peitschen tragende Piqueure Assistenten des Masters sind und bei der Jagd Aufsichtsfunktionen ebenso wahrnehmen wie ausbrechende Hunde zur Meute zurückbringen oder ihr Ausbrechen verhindern. Neben dem Füttern, Saubermachen und Pflegen kranker Hunde obliegt dem Master auch das Konditionstraining der Meute, und das heißt, zweimal in der Woche mit manchmal 30 Hunden flotte fünf bis zehn Kilometer zu marschieren.

Wo ist die Fährte? Gemälde von Maud Earl um 1905.

Dem Master obliegt ferner die Zuchtplanung und Zuchtüberwachung – seine Zuchtmaßnahmen sichern nicht nur den zahlenmäßigen Bestand der Meute, sondern verändern, verbessern oder verringern Größe, Schnelligkeit, Jagdpassion oder Ausdauer der Meute. Er verteilt die Welpen der Meute für ein Jahr zur Aufzucht an Freunde der Meute, die sie füttern, betreuen und ausführen. Dann kommen sie als Jährlinge zurück zur Meute und werden mit den Älteren zur Jagd angelernt. Sie lernen, auf Hornrufe zu reagieren und zu gehorchen und, das Wichtigste ihres Lebens, sie lernen eine Hasenfährte zu halten und zu verfolgen, bis am Ende der todsichere, nahrhafte Erfolg gemeinsamer Anstrengung erreicht ist.
Während der Saison geht die Meute mindestens einmal, meist am Wochenende, auf die Jagd. Sind die Hasen in der Überzahl, auch häufiger. Meute, Master und Jagdgefolge, meist Mitglieder der Meutevereinigung, die ja mit ihren Beiträgen für den Erhalt der Meute sorgen, treffen sich am vereinbarten und in der einschlägigen Presse bekanntgemachten Platz zur festgesetzten Zeit. Dann marschiert die Meute geschlossen los bis dorthin, wo der Master diesmal jagen will und wo Hasen vermutet werden. Beim „cast" suchen die Hunde, ausschwärmend, eine Fährte des Hasen, der während der Nacht auf Futtersuche umhergewandert ist. Findet ein Hund eine Hasenfährte, zeigt sein Spurlaut dies an, und seine Meutekollegen verstehen dies ebenso wie Master und Gefolge. Nun verfolgt die Meute unerbittlich diese gleiche Hasenspur, bis sie dem Hasen auf den Fersen sind, der, die Hunde wohl hörend, flüchtet.
Die Ausdauer der vielen Hunde ist schließlich sein Tod – oder er ist, seinen unglaublichen Einfallsreichtum nutzend und die Spur verwischend, entkommen. Vom Anfang des Fährtenfindens bis zum Ende des Hasen können zwischen einer Stunde und vier oder gar sechs Stunden vergehen. Bei aller Geschwindigkeit, während verweilenden Prüfens der Fährte durch die Hunde „check", bei Schwierigkeiten geringe Hilfen gebend, ist der Master stets bei seinen Hunden geblieben und die „Whipper-In's", seine Assistenten, sind ihm dichtauf gefolgt. Da heißt es, bei bester Kondition, unter allen Wetterbedingungen des Winters von bester Gesundheit zu sein und von einem ebenso zähen Durchhaltewillen wie die Beagles.
Das Jagdgefolge hat versucht, der Meute in gebührendem Abstand zu folgen. Manchmal konnte der Jagdverlauf sogar von einem nahegelegenen Hügel aus vorzüglich verfolgt werden. Trotzdem aber sind nur die gekommen, die neben der Liebe zur Natur auch die vielen Engländern angeborene Liebe zum Hund und zum Hundesport haben. Sie alle treffen sich nach der Jagd gemeinsam mit dem Master zu einem gemütlichen Tee, der auch leicht

Die Beaglemeute des Roxal Agricultural College in Cirencester GB um 1940. Aus „Hutchinson's Dog Encyclopedia“.

mehr Alkohol als Tee enthalten kann und der die bewegenden Erlebnisse des Jagdtages in der verschworenen Gemeinschaft der „Beaglers“ noch einmal würdigend vorbeiziehen läßt. Als Trophäe wird bei besonders bemerkenswerten Jagden das zurückbehaltene Haupt des den Hunden überlassenen Hasen präpariert. Ist die Meutevereinigung so wohlhabend, daß sie sich für das Pflegen und Betreuen der Meute noch einen „kennelman“ leisten kann, meist einen hundebesessenen Rentner, dann erhält er mitunter einen Löffel des Hasen als Trophäe.

Junge Jagdgäste erleben das Aufnahmeritual in das Jagdgefolge, bei dem ihnen vom Master etwas Blut des erlegten Hasen auf die Wange gestrichen wird. Fremde Jagdgäste, die immer willkommen sind, wenn sie sich sachgerecht und traditionsgemäß verhalten, zahlen als Obolus die sogenannte „cap“, eine Spende zur Erhaltung der Meute.

Oft spät am Abend geht die Gesellschaft auseinander. Kennelman oder Master und Whipper-In's haben noch zu tun: Hunde in die Zwinger zu bringen, zu tränken, zu füttern, Verletzungen zu begutachten und zu kurieren. Trotzdem würden sie für nichts in der Welt tauschen wollen: „hound music“, das Geläut der Meute auf der Fährte, das Ausspielen hochqualifizierter Nasenfähigkeiten der Hunde gegen die mannigfaltigen Listen des Hasen ist ihr Lebensinhalt und Lebenselixier geworden – nicht selten, daß „Beagler“ noch im hohen Alter der Meute folgen.

Die gegenwärtige politische Lage in Großbritannien läßt gleichwohl befürchten, dass die Hetzjagd auf lebende Tiere mittels Hunden in der nächsten Zeit verboten werden wird.

Jagdeinsatz in anderen Ländern

Das Bejagen des Wildes mit Hundemeuten ist nicht mehr in allen Ländern gesetzlich zulässig. Besonders in den englischsprachigen Ländern wird es aber noch allenthalben geübt. So in den USA, wo allerdings europäische Hasen und das für sie typische weiträumige Fluchtverhalten mit dem Grundmuster des dabei zurückgelegten großen Kreises selten sind. Hier wird vorwiegend der „cottontail", in der Größe zwischen Hasen und Kaninchen, aber mehr den Kaninchen nahestehend, gejagt. In diesem weiträumigen Land haben vielfach regionale Beagle Clubs viele Hektar große, eingefriedete Übungs- und Jagdgelände, die natürliche Jagdverhältnisse garantieren. In Europa ist das Jagen mit der Meute nur in Frankreich noch üblich. In den Beneluxstaaten, Schweiz, Österreich und der Bundesrepublik sowie deren östlichen Anrainerstaaten wird Meutejagd nicht mehr ausgeübt oder ist gesetzlich untersagt.

Aus diesen und ähnlichen Gründen haben sich in den deutschsprachigen Ländern ebenso wie in Skandinavien für den Beagle andere Aufgaben ergeben. Hier wird seine außerordentliche Nasenleistung genutzt, sein hoher Arbeitswille, seine Beharrlichkeit und seine Ausdauer. In Skandinavien bringen Beagles mehr in der Form der alten deutschen Brackenjagd gejagtes Wild zum Stand des Jägers, der es dann beschießt. Der anhaltende Spurlaut, der

Einer Beaglenase entgeht so leicht nichts! Foto: Manuela Rechtacek

mit jeder Wildart in seiner Art und Tonlage wechselt, hilft hier dem Jäger, seine Chance wahrzunehmen.

In den deutschsprachigen Ländern muß sich der Beagle mühsam und entgegen vielen Hindernissen, die ihm ausschließlich von rückwärtsdenkenden Jägern und Funktionären in den Weg gelegt werden, ferner mit seiner eigenen Unbekanntheit hierzulande kämpfend, einen Platz in der ohnehin schon recht vollen Jagdhundeszene erkämpfen. Unter den österreichischen Beagle-Förderern sind erfreulich viele Jäger – sie verhelfen unserer Rasse in geradezu enthusiastischer Weise zu fortschreitender Bekanntheit.

In der Bundesrepublik wurden kurioserweise die für Schleppjagd durch Reitervereine gehaltenen und gezüchteten Beagles zuerst in den Jagdgebrauchshundeverband (JGHV) aufgenommen. Wiewohl es nicht nur eine atypische Aufgabe für unsere Rasse ist, vor Pferden zu laufen, und weiter mit der dort gelegten Duftspur den hervorragenden Nasenleistungen unserer Hunde nicht die geringste Rechnung getragen wird, sind die Förderer dieses Gesellschaftssports noch immer einflußreich.

Der JGHV war jedoch weitblickend genug, vor einiger Zeit auch den Beagle Club Deutschland e.V. als Vertreter der einzeln gehaltenen Hunde als Mitglied aufzunehmen. Wenngleich auch, und hier ist der zuständige Club dankbar für die Geduld, die der Dachverband übt, der Beagle nur äußerst langsam in Jägerkreisen bekannt und viel langsamer anerkannt werden wird, so ist es doch richtig, dem für manchen Hobbyjäger geradezu idealen Hund offiziell eine Entwicklungschance zu geben.

Die Beagle-Freunde mit Jagdmöglichkeit, deren Kreis nur langsam wächst, wissen aber, daß die nahezu unschlagbare Stärke des Beagle in der Schweißarbeit liegt. Meine Hündin Diana von der Ronneburg, die als zweimalige Suchensiegerin einer schweren und bekannten Schweißprüfung in die Beagle-Annalen einging, hat die Wundfährte einer beschossenen Wildsau nach 56 Stunden in einem inzwischen von Spaziergängern und Pilzsuchern geradezu überlaufenen Gebiet über mehr als zweitausend Meter einwandfrei und zügig ausgearbeitet. Wie die jüngere Vergangenheit zeigt, könnten viele Beagles einen solchen Leistungsstand durchaus erreichen.

Aber auch auf anderen Gebieten der jagdlichen Arbeit ist ein Beagle recht achtbar: vom Leichtapport zu Wasserarbeit, vom geradezu unermüdlichen Stöberer zum äußerst sicheren Finder des auf Treibjagden beschossenen Wildes reicht seine Verwendungsfähigkeit. Dies alles lernt er freilich nur dann in der erforderlichen Zuverlässigkeit, wenn ihm genausoviel und ebenso gute Erziehung zuteil wird wie allen anderen Jagdgebrauchshunden. Insbesondere seine Vergangenheit als selbständig arbeitender, hartnäckig die Spur haltender Meutehund bedingt, daß nur absolute Erziehung zum Gehorsam, zum Herankommen auf Ruf, Handzeichen oder Pfiff sowie die planmäßige Einarbeitung des „Halt“ oder „Down“, bei dem der Hund auch auf Entfernung abgelegt werden kann, die bei der Jagd notwendige Kontrolle über den Hund erhält. Sonst wird es beim Beagle noch deutlicher als bei anderen Jagdhundrassen, daß ohne konsequente Erziehung ein wilder Stöberer und Hetzer entsteht, aber kein Jagdgehilfe.

Tochter und Frau eines Försters und Züchterin vieler hervorragender Beagle („Tergy“) in der Tschechischen Republik: Frau Ing. Anna Kreizkova mit Ch. Isabel Lafu. Foto: Manuela Rechtacek

Ohne Kontrolle wird jeder Beagle, seinen jahrhundertealten Instinkten folgend, die einmal gefundene Spur halten und ihr bedingungslos folgen, mag diese nun über Autobahnen, Bahnkörper oder Straßen, Wasserwege oder nur in das nächste Revier hineinführen. Daß dies nicht nur für den Jäger unerfreulich, sondern bei der heutigen Verkehrsdichte für den Hund sehr gefährlich ist, liegt auf der Hand.

Die für den Jagdhund erforderliche Wildschärfe ist noch nicht für alle Beagles allgemeingültig zu beurteilen. Es scheint mir, daß diese beim sozial verträglichen, auf wenig Aggressivität gezüchteten Beagle, weil eher unterdrückt, eine früh zu fördernde Eigenheit ist. Einige meiner Hunde greifen bedenkenlos Raubwild an und erlegen es. Will man diese Eigenschaft bei seinem Hunde haben, so stelle man die möglichen Welpentests an und kaufe Nachwuchs nur von einschlägig bekannten Hunden. Trotzdem ist unser Beagle doch ein Jagdhund mit viel Zukunft, denn immer mehr werden Jäger die Woche über ihrem Beruf nachgehen müssen und nur noch am Wochenende ihrer Leidenschaft frönen können. Für sie ist der Beagle der Hund, der wochentags im Familienkreis lebt, mit den Kindern spielt und gern die Hausfrau im Auto begleitet und doch am Wochenende begeistert und unermüdlich stets gutgelaunter Jagdgehilfe ist.

Knochenstark, maskulin und erfolgreich: Ch. Quiet Xenon of Justine's Pack.
Foto: Claudia Pelzmann

Vom Welpen zum Champion

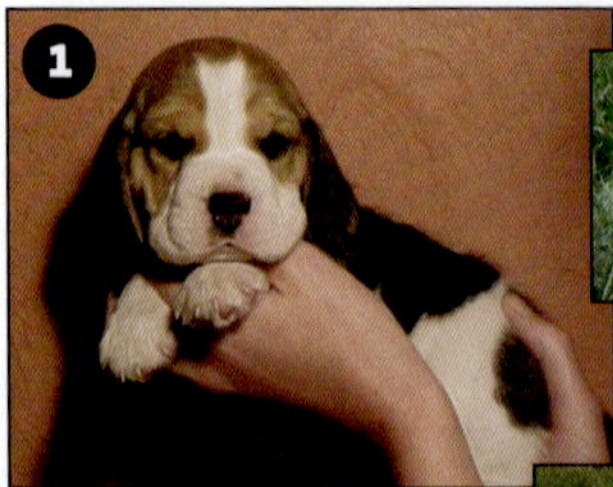

▲ Fast einen Monat alt

▲ Fünf Wochen und neugierig

◀ Mit fünf Wochen auf Entdeckungstour

▼ Hier ist Etienne acht Wochen alt

▲ Drei Monate alt und kräftige Knochen

▲ Fünf Monate, idealer Ausdruck freundlich und doch maskulin

▼ Mit einem Jahr schon recht ausgereift

▼ Pia Ahlens hochdekorierter Champion

Foto: Pia Ahlen

Ausstellungen

Ein weiteres Feld der Aktivität mit Ihrem Hund ist das Besuchen von Hundeausstellungen. Auch hierüber gibt es Literatur, Ihr Zuchtclub gibt über Daten, Orte, Kosten und Verfahren ebenso gute Auskunft wie der Züchter Ihres Hundes. Er wird Ihnen auch ungefähr sagen können, wie sehr Ihr Hund dem Rassestandard entspricht. Hundeausstellungen sind nicht nur Stätten menschlicher Eitelkeit, sondern haben viele wichtige Funktionen im Hundewesen.

Für Sie als Hundebesitzer sind diese zunächst, daß ein erfahrener und renommierter Kenner der Rasse Ihnen seine Meinung über Ihren Hund sagt. Und zwar schriftlich und meist ausführlich: Den Richterbericht können Sie schwarz auf weiß mit nach Hause nehmen.

Er ist gleichwohl ein subjektives Urteil, und erst die Mehrzahl subjektiver Urteile wird Sie erkennen lassen, wo die objektive Wahrheit liegen mag. Sie werden sehen, wie die Konkurrenz Ihres Hundes aussieht. Für Hündinnenbesitzer sind Schauen die Gelegenheit, eventuelle Deckrüden kennenzulernen. Das weitaus Schönste jedoch ist an den Schauen, daß Sie viele Kontakte zu Gleichgesinnten finden, die die gleichen Freuden, Sorgen und Nöte, die gleiche Begeisterung für den Beagle haben wie Sie.

Für den Rassezuchtverein haben die Schauen gleichfalls eine große Bedeutung. Auf den Schauen erhalten die Zuchttiere die erforderliche Formbewertung für Zuchtmaßnahmen.

Die Gesamtheit der gezeigten Tiere gibt einen Überblick über den aktuellen Stand der Zucht der Rasse im betreffenden Land und ist damit ein wichtiges Kriterium zur langfristigen Entwicklungsbeurteilung der Rasse. Im Falle des Beagle gehört hierzu auch stets der Vergleich zur Qualität der Zuchttiere im Mutterland Großbritannien.

Weiter, und ohne dies könnte kein Zuchtclub für Hunde leben, sind Ausstellungen Gelegenheiten für Mitgliederwerbung; Werbung für die Rasse allgemein und Kontaktaufnahme mit Welpeninteressenten. Die Züchter, die fast immer zugegen sind, sind kenntnisreiche Berater in allen die Rasse betreffenden Fragen.

Bester Beagle der Zuchtschau Stuttgart 1994 wurde Ch. Red baron Fiery Flash of Fili im Besitz von Rohr/Larsen aus der Zucht von Ann Sofie Gothen. Das Foto zeigt die Hündin mit dem Präsidenten des internationalen Dachverbandes FCI, Herrn hans Müller (links) und dem Autor (Rechts). Foto: Rohr/Larsen, DK

Für die Dachverbände, die alle Rassezuchtvereine zusammen betreuen, sind die Ausstellungen eine Demonstration ihrer Stärke, eine unschätzbare Werbung für die Sache des Hundes schlechthin und, mitunter, über die Eintrittsgelder, auch eine Gelegenheit, die Kasse aufzubessern.

Am interessantesten sind Schauen freilich für Leute, die sich einen Beagle anschaffen wollen und sich die Züchter erst einmal prüfend aus der Ferne betrachten möchten. Mehrere große Schauen als Welpeninteressent zu besuchen, erlaubt eine gewisse Erfolgsbeobachtung der Züchter, und im Gespräch mit Leuten, die schon Tiere von diesen Züchtern haben, gewisse Rückschlüsse auf deren Ziele und Anschauungen.

Für den allgemeinen Besucher verläuft der Besuch einer Hundeschau nahezu genauso wie der in einem Zoo: vielfältig in den Eindrücken der vielen verschiedenen Hunderassen, vielfältig auch in den Typen ihrer Besitzer. Hier kann der Unentschlossene die Rassen, die für eine eventuelle Anschaffung in die engere Wahl kamen, vergleichend beobachten und seine endgültige Entscheidung treffen.

Wenn Sie möglichst eine große Anzahl Beagles sehen wollen, rate ich Ihnen, die jährlich einmal stattfindende Clubsiegerschau des Beagle Club Deutschland zu besuchen, bei der meist über 100 Beagles, unter ihnen die besten ihrer Rasse, aus der ganzen Bundesrepublik und den Nachbarländern zusammenkommen. Auskunft gibt die Geschäftsstelle des Clubs.

Typisch für das Ausstellungsgeschehen in den USA: Susan Sprout gewinnt mit ihrem nur 34 cm großen Rüden Ch. Sunbriar Wishful Thinking die Hound Group. Untypisch aber erfreulich: Die Züchterin und Besitzerin zeigt den Hund selbst un d läßt ihn nicht durch einen „professionellen Handler" vorführen. Foto: Susan Sprout, USA

Ernährung

Der Hund braucht mehr als Fleisch

Leben ist Bewegung. Leben ist Wachstum. Leben ist Stoffwechsel. Damit Lebensvorgänge ablaufen können, muß sich das Lebewesen ernähren. Der Zweck der Ernährung ist es, dem Körper Nährstoffe zuzuführen. Diese dienen der Bewegung, indem sie Energie liefern, dienen dem Wachstum, indem sie die Baustoffe darstellen, dienen dem Stoffwechsel, indem sie verbrauchte Substanzen ersetzen. Nährstoffe befinden sich in der Nahrung. Tiere sind von organischen Stoffen abhängig. Diese gehen sämtlich auf Stoffwechselprodukte der Pflanzen zurück. Der Hund als Nachfahre des Wolfes steht am Ende der Nahrungskette. Er verwertet nicht die Pflanze selbst, sondern pflanzenfressende Tiere. Die wildlebenden Ahnen unseres Hundes verzehrten ihre Beute meist vollständig. Von daher geht der Begriff „Fleischfresser" am Kern vorbei. Denn nicht nur Muskelfleisch, sondern ebenso die Knochen, Sehnen, das Fell und natürlich die Innereien samt dem pflanzlichen Inhalt wurden verschlungen. Treffender ist also die Bezeichnung „Beutetierfresser".

- **Der Hund steht am Ende der Nahrungskette.**
- **Der Hund benötigt neben Fleisch auch Fett, Mineralstoffe, Vitamine und pflanzliche Materialien.**
- **Der Hund ist ein Beutetierfresser.**

Bei Rechtaceks werden kleine Beagle mit großen Doggen mustergültig sozialisiert.
Foto: Manuela Rechtacek

Das Verdauungssystem spaltet die Nahrung auf

Dem Wolf wie auch seinem Nachfahren Hund sind eine Reihe spezialisierter Organe eigen, mit denen er seine Nahrung beschaffen, zerkleinern und verwerten kann. Die Zähne dienen dem Ergreifen und Zerteilen der Beute. Mit Hilfe des Speichels gleitfähiger gemacht, gelangt die Nahrung durch die sehr dehnbare Speiseröhre in den Magen.

Bei guten Züchtern gibt es oft mehrere Generationen zu sehen, so bei Rechtaceks vier Generationen.
Foto: Manuela Rechtacek

Hier erfolgt eine erste Aufspaltung der einzelnen Bestandteile. Dieser Vorgang wird im Dünndarm fortgesetzt. Unverzichtbare Hilfe leisten dabei Verdauungsenzyme, die in der Bauchspeicheldrüse gebildet werden. Ihre Aufgabe ist die biochemische Zerkleinerung der Nährstoffe bis auf die Grundbausteine. Nur so zerlegt ist die Nahrung letztendlich verwertbar. Die Nährstoffe werden dann von der Darmschleimhaut aufgenommen und mit Hilfe des Blutkreislaufs in jede noch so entlegene Zelle des Körpers transportiert. Dort erst erfüllen sie ihre eigentliche Funktion. Im Muskel beispielsweise wird die biochemische Energie bestimmter Nährstoffe in Bewegungsenergie umgewandelt, im Knochen dienen andere Nährstoffe als Bausteine den Wachstumsvorgängen. Unverwertbare Bestandteile der Nahrung gelangen in den Dickdarm und werden wieder ausgeschieden.

- **Die Nahrung muß aufgespalten werden, um verwertbar zu sein.**
- **Die Aufspaltung erfolgt hauptsächlich im Darm.**
- **Die Nährstoffe werden mit dem Blutkreislauf aus dem Darm in alle Körperzellen transportiert.**

Hohe Energieausbeute nur bei hochverdaulicher Nahrung

Ob unser Beagle läuft, springt, mit dem Schwanz wedelt oder vielleicht nur daliegt und Herrchen oder Frauchen beim Lesen zuschaut – jeder dieser Vorgänge braucht Energie, sie ist die treibende Kraft aller Lebensvorgänge. Unser Hund bezieht sie aus seinem Futter. In biochemischer Form gespeichert, gelangt Energie in den Körper und wird dort in die unterschiedlichsten Lebensäußerungen umgewandelt. Bei diesen Umwandlungsprozessen gibt es Verluste. Über Kot und Harn werden Stoffe ausgeschieden, die noch Energie speichern. Auch Wärmeverluste schmälern die Energieausbeute für den Organismus. Dennoch hat das Energieumwandlungssystem „Hund“ einen höheren Wirkungsgrad als jedes vom Menschen ersonnene. Eines liegt jedoch auf der Hand: Je höher die Verdaulichkeit der Nahrung ist, desto geringer sind die Energieverluste für den Hund.

- **Ohne Energie gibt es kein Leben.**
- **Die Energie ist in der Nahrung.**
- **Je höher die Nahrung verdaulich ist, desto besser wird sie verwertet.**

Auch Beagle-senioren sind noch verfressen, kein Tisch ist sicher, alles wird versucht! Foto: Isabelle Francais

Eiweiße sind Baustoff, Energieträger und Wirkstoff zugleich

Jeder Hund benötigt über fünfzig verschiedene Nährstoffe, und zwar Tag für Tag, ein Leben lang. Man kann diese der besseren Übersichtlichkeit halber in Hauptnährstoffgruppen zusammenfassen. Eine wesentliche dieser Gruppen wird von den Eiweißen oder Proteinen gebildet. Sie stellen wichtige Körperbausteine dar. Nur eine einzige Körpersubstanz überhaupt enthält keine Eiweiße als Baustein, und das ist der Zahnschmelz. Alle anderen Gewebe, ob nun Muskel, Nerven, Haut oder innere Organe, bestehen in irgendeiner Form aus Eiweißen. Sogar der Knochen enthält nicht nur Mineralstoffe, sondern eben auch Gerüstproteine. Darüber hinaus werden wichtige Wirkstoffe wie Enzyme und Hormone durch Eiweiße aufgebaut. Außerdem sind Eiweiße eine Energiequelle für Hunde. Die Energieausbeute beim Abbau der Eiweiße ist jedoch nicht besonders hoch. In dieser Hinsicht ist die Nutzung von Fetten effizienter. Fette sind die für den Hund günstigste Energiequelle. Die Ausbeute bei ihrem biochemischen Abbau ist um etwa ein Drittel höher als bei Eiweißen. Fette sind jedoch nicht nur Energielieferanten. Sie stellen auch wichtige Bausteine für Zellmembranen dar und sind unverzichtbarer Bestandteil von bestimmten Hormonen und Vitaminen. Kohlenhydrate kommen in der Natur in großen Mengen in Pflanzen vor. Das Verdauungssystem des Hundes kann diese nur in erhitzter Form spalten. Dann stellen einige Kohlenhydrate jedoch gute Energielieferanten dar. Weiterhin dienen Kohlenhydrate als Ballaststoffe. In dieser Funktion regen sie die Darmbewegung an und sind so für die Passage der Nahrung durch den Darm unerläßlich. Ebenso wichtige, jedoch grundsätzlich andere Aufgaben erfüllen die Mineralstoffe. Die bekanntesten unter ihnen, Kalzium und Phosphor, bilden die Hauptbestandteile der Knochen. Sie fungieren also als Baustoff.

Was gibts den Gutes?
Foto: Warneke

Andere Mineralstoffe werden im Stoffwechsel von Substanzen benötigt, welche Steuer- und Regelungsmechanismen bedienen. So gibt es eine Reihe von Enzymen und Hormonen, die ohne die Anwesenheit bestimmter Mineralstoffe wirkungslos blieben. Weiterhin laufen so wichtige Vorgänge wie Blutgerinnung, Muskelkontraktionen oder die Erregungsleitung in Nerven nur ab, wenn die dazugehörigen Mineralstoffe dem Körper über die Nahrung zugeführt werden. Die Gruppe der Mineralstoffe kann man noch einmal unterteilen in Mengenelemente (von diesen wird ein bedeuten-des Quantum täglich benötigt) und Spurenelemente (hiervon reichen oft schon ganz geringe Mengen im Mikrogrammbereich aus). Schließlich müssen noch die Vitamine in der Nahrung sein, von denen es fettlösliche und wasserlösliche gibt. Vitamine haben lebenswichtige Steuerfunktionen, dienen dem Sehvermögen, der Krankheitsabwehr oder dem Energiestoffwechsel.

- **Eiweiße sind Baustoff, Energieträger und Wirkstoff zugleich.**
- **Fette sind die günstigste Energiequelle.**
- **Mineralstoffe bauen das Skelett auf und steuern lebenswichtige Vorgänge im Stoffwechsel**
- **Vitamine regeln unverzichtbare Lebensprozesse.**

Zweifarbige haben einen eigenen Charme. Foto: Manuela Rechtacek

Wachsende Hunde benötigen spezielle Nahrung

Die moderne Tiermedizin hat die Besonderheiten des Hundestoffwechsels genau untersucht. So besteht heute die Möglichkeit, nicht allein den Energiebedarf eines heranwachsenden Hundes genau anzugeben, sondern auch seinen Bedarf an Kohlenhydraten, Eiweißen und Fetten sowie Mineralstoffen und Vitaminen. Dies ist entscheidend, wenn man das Ziel hat, durch eine artgerechte Bilanzierung von Nahrungsbestandteilen eine gesunde Hundeentwicklung zu fördern.

Ein gutes Beispiel dafür ist der Bewegungsapparat. Mit Hilfe von Messungen der Wachstumsgeschwindigkeit der Knochen, Röntgenaufnahmen des Bewegungsapparates, Bestimmungen der Knochendichte, Vergleich von vielen hundert gesund aufgewachsenen Hunden und weiteren Untersuchungsverfahren ist der Bedarf an Kalzium und Phosphor genau festgestellt worden. Aufgrund dieser Zahlen sind wissenschaftlich exakte Empfehlungen für die Versorgung mit diesen Mengenelementen möglich – und zwar jeden Monat im Leben eines wachsenden Hundes.

Auch im Winter robust: Sasa und Olea aus der Berliner Zucht, „von Helle Berge (FCI)" von Thomas und Brigitte Warneke, hinten der britische Champion Dufossee Falcon. Foto: Warneke

Wegen des hohen Bedarfs der Welpen an knochenaufbauenden Mineralstoffen liegt der Kalzium- und Phosphorbedarf in den ersten beiden Lebensmonaten rund viermal höher als beim erwachsenen Hund. Mit zunehmender Mineralisierung der Knochen nimmt er im Laufe des Wachstums stetig ab.

Um ein gleichmäßiges Knochenwachstum und eine gesunde Skelettentwicklung zu erreichen, kann die Versorgung mit Kalzium und Phosphor eigentlich nur durch eine ausgewogene, altersangepaßte Vollnahrung problemlos gewährleistet werden.

Eine Selbstherstellung von Hundenahrung ist wegen der möglichen Unter- oder Überversorgung mit lebenswichtigen Nährstoffen insbesondere bei Welpen sehr kritisch. So ist in „Eigenmischungen" das Kalzium-/Phosphor-Verhältnis meist nicht korrekt ausbilanziert.

Die Wachstumsrate junger Hunde und die Unterschiede zwischen einzelnen Hunden werden übrigens nicht allein durch Erbanlagen bestimmt. Auch äußere Faktoren wie Ernährung, Klima oder Krankheiten sind wichtig. Eine optimale Gestaltung der äußeren Einflußfaktoren kann das Wachstum im positiven Sinne beeinflussen – also eine artgerechte, angemessene Ernährung, gute Haltungsbedingungen und eine vernünftige Krankheitsverhütung, zum Beispiel durch Impfungen. Da es bei jedem Hund Unterschiede der äußeren Bedingungen gibt, variiertdie Gewichtsentwicklung von Individuum zu Individuum ein wenig. Das bedeutet, daß es immer Abweichungen des altersentsprechenden Körpergewichtes von den wissenschaftlich ermittelten Durchschnittswerten gibt. Diese Unterschiede sind aber nicht nur von wissenschaftlichem Wert. In der Praxis ergeben sich aus den natürlichen Differenzen bei der Wachstumsgeschwindigkeit Unterschiede beim Bedarf der wachsenden Hunde an Energie, Eiweißen und insbesondere auch Mineralstoffen. Dies muß bei der Ernährung von Welpen und Junghunden bedacht und einkalkuliert werden.

Das Verdauungssystem und der Stoffwechsel von Welpen weisen eine Reihe von Besonderheiten auf. Der Magen ist noch relativ klein, so daß nur eine begrenzte Menge Nahrung aufgenommen werden kann. Diese eingeschränkte Speicherfunktion des Magens macht eine häufige Nahrungsaufnahme notwendig.

Wenn das Schwarz bei Dreifarbigen verdünnt vorkommt, bekommt man Welpen der Fellfarbe, „blue, tan and white“ (erster und vierter Welpe von links). Foto: Karin Sonntag

Einige Körpergewebe beziehungsweise Organsysteme sind während der ersten Lebensmonate ganz besonders auf eine richtig zusammengesetzte Nahrung angewiesen, um sich so entwickeln zu können, wie es die Natur vorgesehen hat. Hierzu gehören Bewegungsapparat, Abwehrsystem, Fortpflanzungssystem, Haut und Fell sowie Lunge und Atemwege. Anders als das Herz-Kreislauf-System des jungen Hundes, das sich schon im Mutterleib fast vollständig entwickelt hat, reift beispielsweise der Bewegungsapparat erst später aus. So sind nach der Geburt zwar sämtliche Knochen beim Welpen angelegt und Vorderhanden, bestehen aber überwiegend noch aus Knorpel, also einem Gewebetyp, der zwar sehr elastisch ist, jedoch nur eine geringe Festigkeit hat. Dieses bindegewebige Gerüst wandelt der Organismus nach und nach zum tragfähigen Knochen um, indem er Mineralstoffe – vor allem Kalzium und Phosphor – einlagert. So entwickelt der Junghund im Laufe vieler Monate die biologisch notwendige Festigkeit seiner Knochen. Solange bleibt den noch nicht voll mineralisierten Knochen die Möglichkeit, weiterzu wachsen. Erst gegen Ende der Wachstumsperiode des Hundes verschließen sich die Wachstumsfugen der Knochen, die bis dahin ein Längenwachstum ermöglicht haben. Im gesamten Zeitraum der Knochenbildung muß also die Zusammensetzung der Nahrung optimal auf die Bedürfnisse des Knochenwachstums eingestellt sein. Junge Hunde haben keinen Schutzmechanismus vor überhöhter Kalziumzufuhr mit der Nahrung wie erwachsene Tiere.

Beagles wirken bis ins hohe Alter jugendlich, manche scheinen um ihre „putzige“ Wirkung zu wissen. Foto: Isabelle Francais

Unter dem Einfluß von Hormonen wird ein eventueller Kalziumüberschuß überwiegend in den Knochen eingelagert, was im Endeffekt zu einer gesteigerten und gleichzeitig gestörten Verknöcherung führt. Die daraus resultierenden Skelettdeformierungen und Bewegungseinschränkungen sind im späteren Lebensalter nicht wiedergutzumachen. Die Empfehlung, Junghunden eine Kalziumergänzung – selbst bei Verwendung einer vollständigen und richtig bilanzierten Vollnahrung – zukommen zu lassen, ist wissenschaftlich nicht haltbar. Wegen der möglichen Gefahren ist die Gabe von kalziumreichen Nahrungsadditiven deswegen zu vermeiden.

- **Wachsende Hunde haben einen höheren Energiebedarf.**
- **Das heranwachsende Skelett braucht mehr als doppelt so viele Mineralstoffe.**
- **Spezielle Welpennahrung deckt alle Bedürfnisse ab.**

Fertignahrung ist hochwertig, sicher und bequem

Wie wir gesehen haben, benötigen Hunde sehr viele verschiedene Nährstoffe. Diese müssen nicht nur in der optimalen Menge, sondern auch im richtigen Verhältnis zueinander in der Nahrung sein. Hinzu kommen besondere Lebenssituationen wie Wachstum, Phasen hoher körperlicher Belastung, Trächtigkeit oder Alter. Jede dieser Situationen bringt veränderte Nährstoffansprüche mit sich. Verdaulichkeit und Schmackhaftigkeit des Futters sollen auch gewährleistet sein, damit der Hund den Napf leert. Wollten wir unserem Hund selbst die tägliche Nahrung bereiten, hätten wir das alles zu beachten. Wir müßten den Gehalt der Ausgangsmaterialien an Eiweißen, Fetten, Mineralstoffen und Vitaminen genau kennen. Wer jedoch mißt die Menge essentieller Aminosäuren oder den Vitamingehalt eines Stückes Fleisch?

Wieviel Kalzium ist denn nun in der Messerspitze Futterkalk enthalten? Und was ist mit der Zeit, die wir für die tägliche Futterration unseres vierbeinigen Freundes benötigen würden?

Am sichersten ist die Verwendung qualitativ hochwertiger Fertignahrung, wie sie von verantwortungsbewußten, erfolgreichen Züchtern empfohlen wird. Alle Nährstoffe sind in richtiger Menge und optimalem Verhältnis enthalten. Man kann genau portionieren, die Fütterung ist sauber, schnell und bequem. Das deutsche Futtermittelrecht regelt die Zusammensetzung streng und genau. Es dürfen nur einwandfreie Rohmaterialien von gesunden Tieren und Pflanzen verwendet werden. Fertignahrung ist also der beste und sicherste Weg, unseren Hund richtig und gesund zu ernähren. Und schmecken wird es ihm ganz gewiß.

- Futterselbstzubereitung ist kompliziert, zeitraubend und erfordert Spezialkenntnisse.
- Fertignahrung ist sicher, hat hohe Qualität und erfüllt alle Nährstoffansprüche des Hundes.

18 Augen sehen mehr. Foto: Karin Sonntag

Wichtige Tips zur Fütterung Ihres Hundes

1. Bei der Verwendung von Fertignahrungsmitteln, die als „Alleinfutter" deklariert sind, erhält Ihr Hund alle notwendigen Nährstoffe in ausgewogener Zusammensetzung für ein langes, gesundes Hundeleben.

2. Ein Welpe braucht zu Beginn seines Lebens etwa doppelt so viele Nährstoffe und Energie wie ein ausgewachsener Hund, deshalb füttern Sie in der Wachstumsphase ein Fertigfutter, welches für wachsende Hunde bestimmt ist.

3. Verwenden Sie als Milchersatz für Saugwelpen nur spezielle Welpenmilchprodukte, Kuhmilch ist auf keinen Fall zu empfehlen, da sie nicht eiweiß- und fettreich genug ist und zu Durchfällen führen kann.

4. Achten Sie darauf, Umstellungen langsam und schrittweise über fünf Tage durchzuführen, so daß sich der Verdauungstrakt an die neue Nahrung gewöhnen kann.

5. Füttern Sie stets zur gleichen Zeit und möglichst am gleichen Ort weder zu heiß noch zu kalt (nicht direkt aus dem Kühlschrank).

6. Bieten Sie ihrem Hund nur die Futtermenge an, die er auch auffrißt, keine Futterreste stehen lassen.

7. Frisches Wasser sollte Ihr Hund stets zur Verfügung haben.

8. Füttern Sie Fleisch bitte nur im abgekochten Zustand, bei der Fütterung von rohem Fleisch besteht Infektionsgefahr.

9. Bei der Verwendung von hochwertigen Fertigfutters brauchen Sie keine Zusatzstoffe oder Ergänzungsfuttermittel zusätzlich zu füttern.

10. Bei älteren Hunden ist die Futtermenge in 2-3 Mahlzeiten aufzuteilen. Die verwendeten Eiweiße müssen hochwertig und hochverdaulich sein.

Vorbeugen ist besser als Heilen

Artgerechte Haltung, Pflege und Ernährung sind Voraussetzungen für die Gesundheit. Das seelische Wohlbefinden des Hundes ist so wichtig wie das körperliche. Der gesunde Hund nimmt aufmerksam und lebhaft Anteil an seiner Umgebung. Er ist kräftig und ausdauernd. In der Ruhe atmet er 10- bis 20mal, das Herz schlägt 70- bis 100mal in der Minute. Die Körpertemperatur liegt um 38,5°C. Gesundheit ist nicht nur „Freisein von Krankheiten", sie schließt auch Widerstandskraft gegen Infektionen ein.

Das Haarkleid schützt nicht nur gegen Wind und Wetter, es ist auch Zeichen von Gesundheit. Stumpfes Haar, ständiger Haarausfall und starker Geruch deuten auf innere Erkrankungen hin. Die Haut soll frei von Schuppen und Rötungen sein, kein Juckreiz soll den Hund plagen.

Flöhe, Läuse und Haarlinge kann auch der gepflegteste Hund voneiner Hundebegegnung mitbringen. Bei Juckreiz wird als erstes die Haut auf Flohstiche – bis zu linsengroße, geschwollene Rötungen – und das Fell auf Parasitenkot – kleine schwarze Pünktchen – abgesucht. Lieblingssitze der ungebetenen Gäste sind die Innenflächen der Hinterbeine, die „Achselhöhlen" und die Ohrmuscheln. Bei leichtem Befall genügt ein Flohpuder oder -spray. Wirksamer sind Waschlösungen, die das Fell bis auf die Haut benetzen, oder verschreibungspflichtige Mittel, die auf die Haut getropft werden und bis zu vier Wochen wirken. Das Ablecken solcher Mittel muß aber unbedingt verhindert werden. „Anti-Floh-Halsbänder" geben bis zu vier Monaten gas- oder puderförmige Wirkstoffe ab. In Hundehütten können bei einigen Halsbändern Giftgaskonzentrationen auftreten, die auch für den Hund bedenklich sind. Manche Halsbänder verlieren zudem durch Nässe an Wirksamkeit. Bei Flohbefall muß immer das Lager des Hundes mitbehandelt werden. Moderne Spezialmittel töten dabei nicht nur „erwach-

Der Apfel fällt nicht weit vom Stamm: Ch. Quista und ihr Sohn Ch. Quiet Xeno of Justine's pack als Welpe. Foto: Karin Sonntag

sene" Flöhe, sondern stoppen auch die weitere Entwicklung der Flohlarven. Hundedecken werden am besten ausgekocht, Teppiche regelmäßig gesaugt und Stroh in der Hütte gewechselt.

Zecken lassen sich aus dem Gebüsch auf den Hund fallen, beißen sich in der Haut fest und saugen sich mit Blut voll. Je länger sie saugen, desto größer ist in bestimmten verseuchten Gegenden die Gefahr, daß eine für Hunde gefährliche Infektionskrankheit, die Borreliose, übertragen wird. Deshalb sollten Zecken so rasch wie möglich entfernt werden. Sie dürfen aber nicht einfach ausgerissen werden, weil dabei die Beißwerkzeuge in der Haut steckenbleiben und Entzündungen verursachen können. Am besten erfaßt man die Zecke mit einer Spezialpinzette und hebelt sie drehend aus der Haut heraus. Auf keinen Fall darf eine Zecke mit Alkohol betäubt oder mit Öl erstickt werden. Im Todeskampf gibt sie ihren Speichel in die Blutbahn des Hundes ab und damit eventuell Erreger einer Infektion. Inzwischen gibt es, allerdings nur beim Tierarzt, ein Anti-Zecken- und -Flohhalsband, das den Befall mit Zecken weitgehend und das Blutsaugen sicher verhindert.

Die Ohren sollten alle vier Wochen gereinigt werden. Mit Wattestäbchen kann man das Trommelfell zwar kaum verletzen, das Ohrenschmalz aber in der Tiefe zusammenstopfen. Besser ist ein alkoholischer Ohrreiniger, der randvoll ins Ohr eingegossen und bei zugedrückter Ohrmuschel durchmassiert wird. Das gelöste Ohrenschmalz kann der Hund dann selbst ausschütteln, vorzugsweise im Freien.

Dunkle, übelriechende Beläge im Ohr zeigen eine Entzündung an. Meist wird sich der Hund dann auch am Ohr oder – scheinbar – am Halsband kratzen und den Kopf schütteln. Ursache des „Ohrenzwanges" können Ohrenmilben, Grasgrannen oder andere Fremdkörper sowie Bakterien und Pilze sein. Wenn zwei- bis dreimalige gründliche Reinigung mit dem Ohrreiniger keine Besserung bringt, ist eine gezielte Behandlung erforderlich.

Die Augen werden mit einem Stückchen Mullbinde oder einem Taschentuch vom „Schlaf" gereinigt. Fusseln von Watte oder Papiertaschentüchern reizen die Schleimhäute. Bindehautentzündungen können auch durch Zugluft, Staub oder starke Sonne verursacht werden. Zur Linderung werden Augentropfen in den heruntergezogenen Bindehautsack geträufelt. Borwasser wird heute nicht mehr verwendet, weil feine Kristalle als Fremdkörper wirken können. Länger andauernder wäßriger, schleimiger oder eitriger Augenausfluß sollte nicht mit Hausmitteln kuriert werden. Es könnte eine Infektion vorliegen. Wucherungen auf der Rückseite der Nickhaut müssen meist operativ behandelt werden.

Die Zähne werden durch Hundekuchen oder Knochen ausreichend gereinigt. Auch die Tortur des Zähneputzens

kann Zahnstein kaum verhindern. Zur Entfernung weicher Beläge eignet sich am ehesten ein Wattebausch, getränkt mit dreiprozentiger Wasserstoffsuperoxydlösung. Zahnstein ist ein fest anhaftender brauner Belag aus verhärteten Salzen. Fauliger Mundgeruch durch Zahnfleischentzündungen und -vereiterungen sowie Zahnausfall sind die Folgen. Zahnstein sollte frühzeitig fachkundig entfernt werden.
Lose Zähne müssen gezogen werden. Da der Hund keine Beute jagen, festhalten oder zerreißen muß, kann er auf schmerzende Zähne gut verzichten. Nach Entfernung der Eiterherde wird er sich auch allgemein wohler fühlen, denn sie können den Körper vergiften und zum Beispiel chronische Herzklappenentzündungen auslösen.
Die Analbeutel sollen eigentlich bei jedem Kotabsatz eine individuelle Duftmarke zur Revierkennzeichnung hinterlassen. Infolge der Domestikation funktioniert die Entleerung häufig nicht richtig. Sekretstauungen sind die Folge; den Juckreiz versucht der Hund vergeblich durch Rutschen auf dem After zu beseitigen. Dieses „Schlittenfahren" ist entgegen landläufiger Vermutung fast nie auf Wurmbefall zurückzuführen. Stark gefüllte Analbeutel müssen fachkundig ausgedrückt, vereiterte müssen tierärztlich behandelt werden.
Die Krallen werden nur bei regelmäßigem Auslauf auf hartem Untergrund ausreichend abgelaufen. Nur bei krankhaftem Hornwachstum oder Stellungsfehlern müssen sie geschnitten werden. Dabei soll die in der Kralle verlaufende Ader nicht verletzt werden. „Wolfskrallen", Überbleibsel der an sich verkümmerten fünften Zehe an Vorder- und Hinterläufen, können bei Verletzungen stark bluten. Sie sollten vorsorglich amputiert werden. Das geschieht üblicherweise schon bei neugeborenen Welpen.

Erste Hilfe tut not

Hautverletzungen müssen genau inspiziert werden. Oberflächliche Abschürfungen und Schrunden können mit Hausmitteln behandelt werden. Auf jeden Fall werden im Bereich der Verletzungen die Haare mit einer gebogenen Schere kurz abgeschnitten. Sie verkleben sonst mit dem Wundsekret; Vereiterung ist die Folge. Die Wunde wird mit Wundgel, -spray oder -tinktur behandelt. Fetthaltige Salben behindern den heilungsfördernden Luftzutritt, Puder verkrustet.
Bei tieferen Wunden mit Durchtrennung der Haut sollte umgehend ein Tierarzt hinzugezogen werden.

Der Junghund von Seite 15 nun als ausgewachsener Ch. Way Tergy. Foto: Manuela Rechtacek

Bei Beißereien und Stacheldrahtverletzungen wird die Haut oft vom Körper losgerissen, so daß tiefe Taschen zu versorgen sind. Von Fall zu Fall ist zu prüfen, ob eine „offene Wundbehandlung“ oder eine Naht besser ist. Nur frische Wunden können mit Aussicht auf komplikationslose Heilung genäht werden.
Eine offene, aus der Tiefe nässende oder eiternde Wunde darf der Hund belecken. In allen anderen Fällen wird die Wundheilung behindert, weil die zarten Heilungszellen am Wundrand gestört werden. Das Belecken von Wunden und das Abreißen von Verbänden können durch einen Halskragen verhindert werden. Aus einem passenden Kunststoffeimer wird der Boden herausgeschnitten. Die Schnittkanten werden abgepolstert, an vier Stellen durchlöchert und mit Bindfäden versehen, die am Lederhalsband festgebunden werden.
Wundstarrkrampf ist beim Hund selten. Impfungen sind daher nicht üblich. Zur Vorbeugung sollen Wunden ausbluten und nicht luftdicht abgedeckt werden. Wenn größere Adern verletzt sind, kommt es zu andauernden, starken Blutungen. Häufig tritt Blut im Strahl aus. Dann muß zur Ersten Hilfe ein Druckverband angelegt werden. An ungünstigen Körperstellen wie am Kopf kann auch von Hand eine Kompresse aufgedrückt werden. Gliedmaßen können abgebunden werden, die Abbindung muß aber viertelstündlich kurz gelöst werden. In solchen Fällen ist stets umgehend tierärztliche Hilfe erforderlich.
Unfälle können auch zu inneren Verletzungen und Gehirnerschütterungen führen. Bei Bewußtseinstrübungen soll nie Flüssigkeit eingeflößt werden. Die Maulschleimhaut kann aber mit Kaffee, Tee oder auch einfach mit Wasser befeuchtet werden. Der Hund wird vorsichtig getragen oder seitlich mit tiefliegendem Kopf und herausgezogener Zunge auf einer Decke gelagert, die, von zwei Personen an den Ecken strammgezogen, auch als „Tragbahre“ dient. Am Unfallort sind meistens die Diagnose und vor allem eine wirksame Schockbehandlung erschwert. Telefonisch sollte zur Vermeidung unnötiger Wege und Zeiten ein dienstbereiter Tierarzt verständigt und umgehend aufgesucht werden.
Lahmheiten können viele Ursachen haben. Als erstes wird die Pfote untersucht. Dornen oder Splitter werden ausgezogen. Verfilzte Haare drücken zwischen den Ballen wie ein Stein im Schuh; sie werden daher vorsichtig ausgeschnitten. Wunde Stellen werden wie Hautverletzungen behandelt. Im Winter müssen Streusalzreste von den Pfoten abgewaschen werden. Bei Krallenbettentzündungen können warme Kamillen- oder Seifenbäder Linderung bringen. Lose Krallenteile werden an der Bruchstelle beherzt abgeschnitten. In vielen Fällen ist ein Verband erforderlich. Er muß fachkun-

dig angelegt werden, um Druckstellen zu vermeiden.
Bei **Schwellungen, Prellungen und Verstauchungen** kann das Fell des betroffenen Körperteils mehrmals täglich mit kaltem Wasser durchnäßt werden. Das wirkt wie ein Kühlverband, lindert den Schmerz und hemmt – frühzeitig angewendet – weitere Schwellungen. Wenn ein Bein überhaupt nicht belastet wird, besteht Verdacht auf Knochenbruch. Bei stark abnormer Beweglichkeit können die Gliedmaße durch eine Notschiene ruhiggestellt werden. Andauernde, wiederkehrende oder sich verschlimmernde Bewegungsstörungen sind stets ein Fall für den Tierarzt. Das Humpeln auf einem Hinterbein wird nicht selten durch eine Ausrenkung der Kniescheibe oder durch Riß von Bändern bedingt, die operativ fixiert werden müssen.
Vergiftungen sind meist „Unglücksfälle" und nur selten böse Absicht. Rattengift kann bei unsachgemäßem Auslegen direkt, aber auch mit vergifteten Nagetieren aufgenommen werden. Meist handelt es sich um Cumarinpräparate, die zu inneren Blutungen führen. Vorsicht ist auch bei Schädlings- und Unkrautbekämpfungs- sowie bei Frostschutzmitteln geboten. Hochgiftige Thallium-, Zinkphosphid- und Arsenzubereitungen, Blausäure und Strychnin sind heute gottlob kaum noch erhältlich. Die besten Überlebenschancen bestehen, wenn man „nach frischer Tat" das Gift wieder aus dem Magen herausbefördern kann. Der Tierarzt kann Erbrechen durch eine Spritze auslösen, der Laie durch Eingeben von zwei bis drei Teelöffeln Salz. Nach dem Erbrechen kann eine Aufschwemmung von etwa zehn Kohlekompretten eingeflößt werden. Milch wird nicht gegeben, weil verschiedene Gifte fettlöslich sind. Etwa Vorderhandene Hinweise auf die Art des Giftes ermöglichen eine rechtzeitige, gezielte tierärztliche Behandlung. Ungewisser sind die Aussichten, wenn Vergiftungsfolgen wie Krämpfe, Mattigkeit oder Brechdurchfall schon eingetreten sind, die Ursache aber nur vermutet werden kann. Eine genaue Diagnose ist oft erst durch Spätschäden wie Blutungen oder Haarausfall möglich. Dann kann es für eine Rettung bereits zu spät sein.
Durchfall ohne Fieber bessert sich häufig nach einem Fastentag: Der Hund erhält ausschließlich stark verdünnten Tee mit einer Prise Salz, aber ohne Zucker. Zur Geschmacksverbesserung ist Süßstoff erlaubt. Zusätzlich ist es nie verkehrt, eine Aufschwemmung von Kohlekompretten einzugeben. Keinesfalls darf Durchfall mit Wasserentzug „behandelt" werden; der Körper würde zu stark austrocknen. Am zweiten Tag erhält der Hund in kleinen Portionen ein Diätfutter, zum Beispiel Beefsteakhack, Schmelzflocken und rohen geriebenen Apfel. Am dritten Tag muß der Kot zumindest wieder dickbreiig sein.

Verstopfungen lassen sich oft durch rohe Leber oder Milz oder einige Teelöffel süßer Dosenmilch beheben. Bei krampfhaft vergeblichem Drängen kann ein Mikroklistier Erfolg bringen. Bei einer Verhärtung von Knochenteilen im Enddarm hilft allerdings meist nur ein fachgerechter Einlauf.

Erbrechen ist keine selbständige Krankheit. Einmaliges Erbrechen kann durch zu hastiges Fressen, zu kaltes Futter oder Aufnahme von Fremdkörpern ausgelöst werden. Gelegentliches **Erbrechen** ist beim Hund ohne große Bedeutung. Um zu erbrechen frißt der Hund häufig Gras. Geschieht das regelmäßig oder wird ständig das Futter erbrochen, muß ein Tierarzt hinzugezogen werden. Auch Durchfall und Erbrechen mit Fieber sind kein Fall für Hausmittel.

Scheinschwangerschaft tritt bei manchen Hündinnen etwa acht Wochen nach der Läufigkeit auf. Sie sind unruhig, „bemuttern" irgendwelche Gegenstände, fressen schlecht und erbrechen gelegentlich. Das Gesäuge schwillt, Milch bildet sich. Abhilfe schafft häufig wenig Fressen und Trinken bei viel Bewegung und Beschäftigung. Das Gesäuge kann mehrmals täglich mit kaltem Wasser befeuchtet werden, um Schwellung und Milchproduktion zu hemmen. Keineswegs soll die Milch ausgedrückt werden. Damit würde nur die weitere Milchbildung angeregt. Bei sehr starker Gesäugeschwellung und trotz Hausmitteln nicht nachlassenden Erscheinungen muß der Tierarzt verständigt werden.

Insektenstiche, vor allem durch das Schnappen nach Wespen und Bienen verursacht, können schnell zu erheblichen Schwellungen am Kopf oder, noch schlimmer, im Rachen führen. Äußerliche Kühlung mit Eiswürfeln und eine Tablette gegen Allergie ersparen oft nicht die möglichst rasche tierärztliche Behandlung.

Kein Beagle scheut das Wasser!
Foto: Benedikt

Alarmzeichen

Fieber ist eine Abwehrreaktion des Körpers, meist auf Infektionen. Die Hundenase kann auch beim kran-ken Hund feucht und kühl sein. Die Temperatur muß mit einem Fieberthermometer (je nach Modell biszu fünf Minuten) im Mastdarm gemessen werden. Sie darf nicht über 39°C liegen. Untertemperaturen unter 37,5°C entstehen infolge einer Reduzierung der Stoffwechselvorgänge häufig vor dem Tod.

Husten, als ob ein Knochen im Hals säße, tritt bei Mandelentzündungen auf. Ernstere Infektionen wie Zwingerhusten oder gar Staupe könnten auch vorliegen. Pumpende Atmung entsteht durch eine Lungenentzündung, aber auch durch Wasseransammlung in der Lunge, zum Beispiel infolge von Vergiftungen. Bei alten Hunden kann der damit verbundene Husten auch auf eine Herzschwäche zurückzuführen sein. Bauchpressen und Aufblasen der Backen sind Zeichen höchster Atemnot.

Schleimhäute im Auge und im Fang geben Hinweis auf innere Erkrankungen: Blässe deutet auf Blutarmut hin, Gelbfärbung auf Leberschäden mit Gelbsucht, Blutun-gen auf schwere Infektionen oder Vergiftungen, eine bläuliche Färbung tritt bei Herz- und Kreislaufschwäche auf.

Kot und Urin mit Blutbeimengungen lassen krankhafte Veränderungen erkennen. Bei Blutungen im Magen und in den vorderen Darmabschnitten kann der Stuhl durch das verdaute Blut pechschwarz aussehen. Nierenerkrankungen können auch mit erhöhtem Durst verbunden sein. Wenn Mattigkeit und Mundgeruch hinzukommen, ist meist bereits eine Harnvergiftung eingetreten. Harnsteine, Blasenriß oder Vergiftungen können dazu führen, daß überhaupt kein Urin mehr abgesetzt wird; dann besteht höchste Gefahr. Geschwülste, Prostatavergrößerungen und Mastdarmveränderungen erschweren den Kotabsatz. Verhärtete Knochenteile können den Enddarm völlig verstopfen. Erbrechen und zunehmende Mattigkeit bei fehlendem Kotabsatz sprechen für Darmverschluß oder einen Fremdkörper im Darm.

Speicheln wird im harmlosesten Fall durch Fremdkörper in der Maulhöhle oder durch lose Zähne verursacht, bedenklicher wäre eine E 605-Vergiftung oder Pseudowut, schlimmstenfalls ist an Tollwut zu denken.

Umfangsvermehrungen des Bauches bei sonst normalem Ernährungszustand oder zunehmende Abmagerung können durch Tumore oder Bauchhöhlenwasser hervorgerufen werden. Bei einer Gebärmuttervereiterung besteht gleichzeitig fast immer starker Durst, gelegentlich auch Scheidenausfluß. Eine plötzliche Aufblähung des Bauches mit Kolik und Kreislaufschwäche, bedingt durch eine Magendrehung, erfordert unverzügliche Operation. Eine Entzündung der Kaumuskeln mit Schwellung und Verhärtung sowie hervortretenden Augäpfeln muß sofort tierärztlich behandelt werden.

Infektionen bedrohen die Gesundheit

Staupe und ansteckende Leberentzündung (Hepatitis) sind Viruskrankheiten, die für Junghunde besonders gefährlich sind, aber auch ältere Hunde befallen. Staupe beginnt mit einem häufig kaum merkbaren, kurzen Fieber, dem nach etwa acht Tagen eine schwere Lungenentzündung mit eitrigem Augen- und Nasenausfluß oder ein Durchfall folgt. Eine besondere Verlaufsform ist mit einer Verhärtung der Ballen verbunden. Nach scheinbarer Besserung treten nervöse Erscheinungen bis hin zu Krämpfen auf, die meistens zum Tod führen. Nach überstandener Staupe bleibt häufig ein nervöses Zucken der Kopfmuskeln, der „Staupetick", nach Erkrankungen im Junghundealter das „Staupegebiß" mit erheblichen Zahnschmelzdefekten zurück. Die ansteckende Leberentzündung verläuft ähnlich, mit hohem Fieber, Apathie und Appetitlosigkeit. Hornhauttrübungen können bleibende Folgeschäden sein.

Stuttgarter Hundeseuche (Leptospirose) wird durch Bakterien verursacht und von Hund zu Hund übertragen. Sie beginnt häufig mit einer Schwäche in den Hinterbeinen. Geschwüre im Maul, Magen und Darm sind mit aasartig-faulem Maulgeruch und blutigem Durchfall verbunden.

Tollwut tritt bei Hunden nur noch selten auf. Die Seuche wird vor allem durch Füchse übertragen. Hinweisschilder warnen in gefährdeten Gebieten vor Tollwut. Die Krankheit ist besonders tückisch: Die typischen Wuterscheinungen mit heiserem Gebell, Wasserscheue, Unruhe und unmotivierter Beißwut fehlen häufig. Die „stille Wut" ist im Anfangsstadium schwer zu erkennen. Ein erkranktes Tier stirbt immer.

Parvovirose ist eine Viruskrankheit, die sich bei Hunden aller Altersgruppen in schweren, durch Erbrechen und Durchfall gekennzeichneten Erkrankungen äußert. Bei Welpen kann plötzlicher Herztod auftreten. Der Erreger ähnelt dem Katzenseuchevirus; eine wechselseitige Ansteckung zwischen Hund und Katze ist jedoch nicht möglich. Die Ansteckung erfolgt über Ausscheidungen von Hund zu Hund, aber auch durch Verschleppung angetrockneter Ausscheidungen, zum Beispiel an Kleidungsstücken.

Impfungen schützen vor diesen Infektionskrankheiten

Welpen in gefährdeten Zuchten oder ungeimpfte Hunde mit verdächtigen Krankheitserscheinungen können mit einem Serum behandelt werden, das fertige spezifische Abwehrstoffe enthält. Diese „passive Immunisierung" schützt aber nur für zwei bis drei Wochen. Der Käufer eines Hundes sollte den Impfpaß daraufhin genau prüfen. Länger dauernden Schutz vermittelt nur die „aktive" Schutzimpfung. Dabei werden abgeschwächte oder abgetötete Infektionserreger eingeimpft. Der Körper reagiert darauf mit der Bildung eigener Abwehrstoffe. Bei den heute üblichen Kombinationsstoffen kennzeichnen die Buchstaben S, H, L, T und P die Wirksamkeit gegen die in Frage kommenden Seuchen. Welpen werden mit sechs bis acht Wochen das erste Mal geimpft und müssen dann mit etwa zwölf Wochen nach Impfplan nachgeimpft werden. Bei älteren Hunden genügt eine einmalige Grundimmunisierung.

Der einmal gebildete Impfschutz baut sich im Laufe der Zeit ab. Kommt der Hund mit betreffenden Seuchenerregern in Berührung, so wird die Antikörperbildung aufgefrischt. Ist der Impfschutz aber bereits zu stark abgesunken, kann der Hund erkranken. Deshalb sind Auffrischungsimpfungen im Abstand von ein bis zwei Jahren erforderlich. Gegen die seit einiger Zeit wieder in bedrohlichem Umfang auftretende Staupe ist die **jährliche** Impfung dringend zu empfehlen, zumal bei einigen Kombinationsimpfstoffen der Staupeschutz ein Schwachpunkt zu sein scheint.

Ein sicherer Impfschutz des Hundes ist auch für den Menschen wichtig.

Way Tergy - ein langer Hals macht elegant! Foto: Manuela Rechtacek

Erkrankte Hunde können Leptospiren übertragen, die beim Menschen das „Canicola-Fieber“ oder die „Weilsche Krankheit“ hervorrufen. Hundetollwut ist wegen des engen Kontaktes für Menschen viel gefährlicher als Wildtollwut. Geimpfte Hunde übertragen keine Tollwut. Nach einem Kontakt mit verdächtigem Wild brauchen sie deshalb auch nicht getötet zu werden, wie dies für ungeimpfte Hunde gesetzlich vorgeschrieben ist.

Gegen andere Infektionen schützt Vorsicht

Toxoplasmose wird durch einzellige Schmarotzer hervorgerufen. Ihr Stammwirt ist die Katze. Bei anderen Tieren werden ansteckungsfähige Dauerformen gebildet. Hunde erkranken überwiegend durch infiziertes Schweinefleisch. Für die Ansteckung des Menschen wurden sie früher zu Unrecht verantwortlich gemacht.

Aujeszkysche Krankheit wird ebenfalls durch Schweinefleisch übertragen. Unstillbarer Juckreiz, Unruhe, Ängstlichkeit und Speichelfluß haben gewisse Ähnlichkeit mit Tollwut. Die Krankheit wird daher auch „Pseudowut“ genannt. Schweinefleisch und in der Zusammensetzung unbekannte Fleischmischungen, zum Beispiel aus Supermärkten, müssen deshalb gut durchgekocht werden. Fertigfutter und Rindfleisch sind dagegen unbedenklich.

Zwingerhusten tritt vor allem in Tierheimen und Hundehandlungen auf.

Unter begünstigenden Umständen lösen Viren und Bakterien gemeinsam Entzündungen von Luftröhre und Bronchien aus. Kennzeichnend ist ein kurzer, trockener Husten. Sekundärinfektionen können den Krankheitsverlauf verschlimmern. Während des Urlaubs sollte man seinen Hund nicht in unbekannte Heime oder Pensionen geben oder ihn vorsorglich auch gegen Zwingerhusten impfen lassen.

Wurmkuren gegen unerwünschte Kostgänger

Spulwürmer können bei Junghunden zu Verdauungs- und Entwicklungsstörungen, zu Vergiftungserscheinungen und sogar zum Tod führen. Fast alle Welpen werden im Mutterleib mit Spulwürmern infiziert. Die ersten Wurmkuren soll schon der Züchter durchführen. Junghunde werden vierteljährlich entwurmt. Ältere Hunde beherbergen nur noch einzelne Würmer. Sie richten zwar keinen großen Schaden an, sind aber eine ständige Infektionsquelle. Hündinnen sollten zumindest sechs Wochen nach jeder Läufigkeit, Rüden mindestens einmal

Foto: Isabelle Francais

jährlich entwurmt werden. Bei festgestelltem Wurmbefall ist eine sofortige Entwurmung mit einer Wiederholungsbehandlung nach zwei bis drei Wochen erforderlich. Rohe Möhren garantieren keine Wurmfreiheit. Wirksame und verträgliche Mittel sind verschreibungspflichtig. Sie wirken auch gegen andere Rundwurmarten, zum Beispiel gegen Hakenwürmer.
Spulwürmer sind auf ihre Wirtstierarten spezialisiert; wenn der Mensch Hundespulwurmeier aufnimmt, schlüpfen zwar Larven und beginnen ihre Wanderung im Körper, sie bleiben jedoch in Organen oder Muskeln stecken und können dort schmerzhafte Entzündungen verursachen. Besonders gefährdet sind „Krabbelkinder". Wurmkuren dienen daher auch dem Gesundheitsschutz der Familie.
Bandwürmer brauchen für ihre Entwicklung stets einen Zwischenwirt. Für den Hundebandwurm ist dies der Floh. Er nimmt die Wurmeier auf, aus denen sich eine Finne entwickelt. Der Hund „knackt" den Floh, die Finne wächst im Hundedarm zum fertigen Bandwurm aus. Mit dem Kot erscheinen nach geraumer Zeit einzelne kürbisförmige, anfangs noch bewegliche Bandwurmglieder oder ein längeres, deutlich gegliedertes Wurmende.
Es gibt heute neben speziellen Spulwurm- und Bandwurmmitteln auch Präparate, die gegen beide Parasitenformen wirksam und dabei gut verträglich sind. Empfehlens-wert ist eine systematische vierteljährliche Bandwurmbehandlung des Hundes. Zur Bandwurmkur gehört stets eine Flohbehandlung von Hundund Lager.
Besonders bei Jagdhunden kann auch der „gesägte Bandwurm" auftreten, dessen Zwischenwirte Hasen und Kaninchen sind. Andere Bandwurmarten, die durch Fisch oder Wild, Rinder- oder Schafeingeweide übertragen werden, kommen seltener vor. Dazu zählt der „dreigliedrige Bandwurm", der auch dem Menschen gefährlich werden kann. Der Hund sollte zur Vorbeuge keine rohen „Konfiskat"-Innereien erhalten und daran gehindert werden, Kadaver von Wildtieren anzufressen. Für Menschen besonders gefährlich ist der vor allem in einigen Gegenden Mittel- und Süddeutschlands verbreitete „Fuchsbandwurm", der auch durch Hunde übertragen werden kann. Neben regelmäßigen Bandwurmkuren ist es die beste Vorbeuge, den Hund in Wald und Flur anzuleinen.

Gefahren für die menschliche Gesundheit?

Impfungen und Wurmkuren schränken Ansteckungsgefahren ein. Hygiene tut ein übriges: Selbstverständlich hat der Hund sein eigenes Lager und Futtergeschirr; beides ist peinlich sauber. Rasen und Wege werden von Hundekot freigehalten. Der Hund wird so erzogen, daß er das Gesicht nicht ableckt. Das Belecken der Hände ist Ausdruck seiner Zuneigung. Man darf sie dulden, denn man kann sich die Hände anschließend waschen. Vorsichtige können Lager, Hütte und andere hygienegefährdete Stellen und Gegenstände regelmäßig desinfizieren. Die Mittel sollen gegen Viren, Bakterien und Pilze wirken. Zur Schnelldesinfektion eignet sich ein „Desinfektspray", der auch Ektoparasiten abtötet.

Besonders angezeigt sind solche Maßnahmen, wenn der Hund eiternde Wunden, Ekzeme, Furunkel oder eine Vorhaut-, Zahnfleisch- oder Mandelentzündung hat. Diese Infektionen sind konsequent zu behandeln. Eiterreger können auch beim Menschen Komplikationen verursachen. Vorsicht ist stets bei schlecht heilenden oder sich ausbreitenden Ekzemen geboten: Räudemilben sind zwar auf Tierarten „spezialisiert", können jedoch auch beim Menschen juckende Hautrötungen verursachen. Hautpilzinfektionen sind auf Menschen übertragbar. Daher sollte man umgehend eine Spezialuntersuchung und Behandlung veranlassen. Pilzinfektionen entstehen nur, wenn sich die Erreger länger als 12 bis 24 Stunden auf der menschlichen Haut einnisten können. Gründliches Waschen bannt die Gefahr. Zusätzliche Sicherheit bietet ein Handdesinfektionsmittel, das nach Berührung verdächtiger Stellen oder Ausscheidungen in die Hände eingerieben wird.

Allergien sind auch durch größte Sauberkeit nicht immer zu vermeiden. Einige Menschen reagieren bei Kontakt mit Tierhaaren und -hautteilen mit Ausschlägen oder Atembeschwerden. Katzen, Meerschweinchen und Vögel sind viel öfter als Hunde die Auslöser; viele andere pflanzliche und tierische Stoffe kommen hinzu.

Die Allergieursache kann von einem Hautarzt durch Spezialtests auf der Haut ermittelt werden. Auf Verdacht braucht also kein Hund abgeschafft zu werden. Und vor der Anschaffung eines Beagles brauchen auch gesundheitsbewußte Hundefreunde nicht zurückzuschrecken.

Zwingertyp wird wesentlich vom Kopftyp bestimmt - zwei Rüden „of Justine's Pack". Foto: Karin Sonntag

Der Beagle im Alter

Beagles wachsen schnell heran und sind mit Erreichen der Geschlechtsreife meist körperlich voll entwickelt. Auch wenn sie dann noch ein wenig ausgefüllter werden im Rumpf, ohne jedoch dick sein zu dürfen, bleiben sie lange Jahre so, ohne merklich zu altern. Erst gegen ihr zehntes Lebensjahr zu sind, insbesondere bei dunkel gefärbten Beagles, weiße Haare zu sehen. Da kann ein normaler Beagle aber ohne weiteres noch ein Drittel seiner Lebensspanne vor sich haben!

Die vielen Hündinnen, die der Autor in über zwei Jahrzehnten bei sich erleben durfte, wurden in der Regel zwischen 11 und 14 Jahre alt, obwohl sie meist mehrere Würfe Welpen aufgezogen hatten.

Die Rüden, bar der Belastung der Arterhaltung bis auf ihre befristeten Beiträge für einige Würfe „neuer" Beagles, wurden insgesamt älter und sind bis 17 Jahre alt geworden. Dies natürlich alles in einer Umgebung, in der Tageslauf und Verpflegung, Bewegung und Unterbringung optimiert und geregelt waren. Überhaupt scheint es nach einiger Betrachtung deutlich so, daß eine gewisse Gleichmäßigkeit in den Umfeldbedingungen der Langlebigkeit Vorschub leistet. Langlebigkeit ist aber auch eindeutig genetisch mitbedingt: Ein Grund mehr, daß ältere Zuchttiere, bei Hunden nun mal die Rüden, die schon ein erhebliches Alter erreicht haben, nicht in ihrer Zuchtverwendung benachteiligt, sondern eher gefördert werden sollten. Denn Langlebige kommen nun mal meist aus Familien mit langlebigen Ahnen – das ist bei Hunden ebenso wie bei den Menschen.

Bei Eberhardts im Garten: Ch. pinewood Chieftain mit fünf Generationen Nachzucht.

Für ältere Hunde gilt auch weiter, was für ältere Menschen gilt: Sie sind wunderbar an ihre Umgebung angepaßt, weil sie viel Lebenserfahrung haben. Sie betragen sich in der Regel gesittet und gemessen, haben gelernt, daß hektischer Aktionismus wenig einbringt. Dennoch gehen sie immer noch gerne spazieren und das nach wie vor lange und ausdauernd. Sie freuen sich bedächtig und stetig, daß sie gesund und am Leben sind. Aber nicht zu auffällig: Es könnte ja als Verwöhntheit ausgelegt werden!

Diese Grundstimmung wird nur geändert, wenn sich Bedeutendes ereignet. Und das ist für Beagles: Fressen und Jagen. Dann wird selbst der alte Beagle wieder jung und hüpft ausgelassen umher. Dann ist er immer noch in der Lage, sich über Stunden einer Wildfährte zu widmen, ohne die verzweifelten Besitzer in ihrem Rufen und Pfeifen zu erhören. Und kommt scheinbar wie frisch ausgeruht nach Stunden zurück. Oder vergißt Jahre bester Erziehung und gesitteten Benehmens, wenn die Platte mit den verführerisch riechenden Lammkoteletts provokanterweise zu lange unbeaufsichtigt in Reichweite war.

Beagles bedürfen einer leichteren, aber abwechslungsreichen Ernährung, wie ältere Lebewesen sie insgemein brauchen. Sie müssen schlank gehalten werden – nicht ohne Grund: Es ist praktische Tierquälerei, wenn man einen Hund erheblich zu dick werden läßt; es verkürzt sein Leben. Die regelmäßige Bewegung an frischer Luft erlaubt dem Beagle, sein immer ansprechendes Exterieur in Form zu halten – und schließlich erhält die Möglichkeit, immer neue Gerüche erfahren zu können, den Beagle auch in seiner Gedanken- und Gefühlswelt jung: Die Geruchswelt außerhalb des häuslichen Bereichs, insbesondere in der freien Natur, ist für den Beagle wie eine Reise oder doch zumindest ein Reisebericht im Fernsehen für die Menschen.

Schließlich muß noch klar und deutlich darüber gesprochen werden, daß die Pflichten des Menschen gegenüber seinem Hund erst nach dessen letztem Atemzug erlöschen. Wenn der Hund alt wird, wird irgendwann auch die Gesundheit nachlassen. Und der Mangel an Gesundheit bringt Leiden mit sich für unseren Beagle, der uns so lange Jahre treu begleitet hat. Und damit eine Verringerung des Wohlbefindens, vielleicht auch Nachlassen der Sinnesleistungen wie Hören und Sehen. Es ist eine letzte und eine vornehme Pflicht des Hundebesitzers, darüber zu wachen, daß sein Hund sich nicht plötzlich in einer Situation befindet, in der er sich aus seiner Sicht, nach dem, was ihm wichtig und Inhalt seiner Tage und Nächte ist, nicht mehr wohl fühlen kann. Wenn der alte Hund mehr Leiden als Lust am Leben hat, Schmerzen, die ihm die Tiermedizin nicht ersparen kann, ist es vornehmste Pflicht des Besitzers, sich dafür zu entscheiden, daß diese Leiden dem Hund erspart werden. Die Veterinärmedizin macht heute möglich, daß ein alter Hund in gewohnter Umgebung und in Gegenwart seiner geliebten Menschen ohne Belastung einschläft, um nicht mehr aufzuwachen. Wenn es denn so weit ist, sind wir, sind Sie ihm das schuldig.

Und wenn die größte Trauer vorbei ist, fragen Sie sich, was Ihr Beagle gewollt hätte, wie Sie künftig leben sollen, wenn er einmal nicht mehr ist. Und ohne Zweifel muß die Antwort sein: Mit einem Beagle. Ehren Sie also das Andenken Ihres Beagles, indem Sie wieder einen Beagle zu Ihrem Hausgenossen machen.

Bis zum letzten gemeinsamen Tag werden die treuen Beagleaugen den Blickkontakt zur Bezugsperson suchen. Foto: Isabelle Francais

Da nicht in allen Ländern eine Gruppierung besteht, die sich ausschließlich um die Rasse Beagle kümmert, sind in solchen Fällen Dachverbände (DV) oder auch Kontaktpersonen (KP) genannt, bei denen weiterführende Informationen erfragt werden können. Bei diesen sollte auch nachgefragt werden, wenn sich die genannten Ämter in Vereinen oder die Personen, die solche Ämter meist ehrenamtlich verwalten, geändert haben.

Australien

(DV) Australian National Kennel Council
P.O. Box 760 - Fortitude Valley
QUEENSLAND 4006
Tel. 00 61 / 7 3257 1035
Fax. 00 61 / 7 3257 1039
http://www.ankc.aust.com
E-mail: dogsaust@ozemail.com.au

Belgien

(DV) Union Royale Cynologique Saint Hubert
Avenue A.Giraud, 98
1030 BRUXELLES
Tel. 00 32 2 / 245 48 40
Fax. 00 32 2 / 245 87 90
http://www.srsh.be (F) ;
http://www.kmsh.be (NL)
E-mail: info@srsh.be

Dänemark

The Danish Beagle Club
Geschäftsführer:
Mette Elmkjær Højbrogaard
Jenslevvej 20, St. Karleby
DK-4070 Kirke Hyllinge
Tlf. +45 46404666
E-Mail: me@beagleclub.dk

(DV) Dansk Kennel Klub
Parkvej 1
2680 SOLRØD STRAND
Tel. 00 45 56 / 18 81 00
Fax. 00 45 56 / 18 81 91
http://www.dansk-kennel-klub.dk
E-mail: post@dansk-kennel-klub.dk

Deutschland

Beagle Club Deutschland e.V.
Geschäftsstelle:
Renate Leonhardt, Schmiedestr.1
Ortsteil Wettmar
30938 Burgwedel
Tel. 05139 - 27 82 02
Fax 05139 - 27 81 18
E-mail info@beagleclub.de

(DV) Verband für das Deutsche Hundewesen
Postfach 10 41 54
44 041 DORTMUND
Tel. 00-49-231 / 56 50 00
Fax. 00-49-231 / 59 24 40
http://www.vdh.de
E-mail: info@vdh.de

Finnland

Suomen Beaglejärjestö Finska Beagleklubben r.y.
Janne Pitkänen
Korpelantie 22,
FIN-73350 Haluna,
Tel.: 040 5835 480.
E-mail: janne.pitkanen@helsinki.fi

(DV) Suomen Kennelliitto - Finska Kennelklubben
Kamreerintie 8
02770 ESPOO
Tel. 00 358 / 9 887 300
Fax. 00 358 / 9 887 303 31
http://www.kennelliitto.fi

Frankreich

Club français du Beagle, Beagle-Harrier, Harrier
Secrétaire:
M. Gaston Dutheil,
14, avenue Léon Blum,
F-87350 Panazol,
Tel. (55) 30 66 53.

(DV Société Centrale Canine pour l'Amélioration des Races de Chiens en France
155, avenue Jean Jaurès
93535 AUBERVILLIERS CEDEX
Tel. 00 33 / 1 49 37 54 00
Fax. 00 33 / 1 49 37 01 20
http://www.scc.asso.fr
E-mail: choquet@scc.asso.fr

Großbritannien

In GB sind mehrere Beagleclubs aktiv, dieser ist der älteste und größte überregionale Zusammenschluß von Beaglefreunden:

The Beagle Club
Secretary: Sylvia Tutchener
9 Normandie Close, Ludlow
Shropshire SY8 1UJ
sylvia@thebeagleclub.co.uk

(DV) The Kennel Club, 1,
Clarges Street, Piccadilly,
London GB

Italien
(DV) Ente Nazionale della Cinofilia Italiana
Viale Corsica 20
20137 MILANO
Tel. 00 39 / 02 700 20 31
Tel. 00 39 / 02 700 20 334
Fax. 00 39 / 02 700 20 323
http://www.enci.it
E-mail: info@enci.it

Luxembourg
(DV) Union Cynologique Saint Hubert du Grand Duché de Luxembourg
Boîte Postale 69
4901 BASCHARAGE
Tel. 00 352 / 50 28 66
Fax. 00 352 / 50 54 14

Monaco
(DV) Société Canine de Monaco
Avenue d'Ostende 12 - Palais des Congres
98000 MONTE CARLO
Tel. 00 377 / 93 50 55 14
Fax. 00 377 / 93 30 55 03

Neuseeland
(DV) New Zealand Kennel Club
Prosser Street, Eldson
Private Bag 50903
PORIRUA
Tel. 00 64 / 4 237 44 89
Fax. 00 64 / 4 237 07 21
http://www.nzkc.org.nz
E-mail: nzkc@nzkc.org.nz

Niederlande
Beagle Club Nederland
Secretary:
Karin Brouwer-Gortzak
Pannenhoefsebaan 15
4891 ZA Rijsbergen
The Netherlands
info@BeagleClub.nl.;
(DV) Raad van Beheer op Kynologisch Gebied in Nederland
Postbus 75901
1070 AX AMSTERDAM Z
Tel. 00 31 / 20 664 44 71
Fax. 00 31 / 20 671 08 46
http://www.kennelclub.nl

Österreich
Austrian Beagle Club
MF Friedrich Grünke
Geschäftsstelle: Mag.art. Friederike Grünke
1030 Wien, Kleistgasse 7/12
Tel/Fax: 01/7986174
f.gruenke@utanet.at

(DV) Österreichischer Kynologenverband
A-2362 Biedermannsdorf
Siegfried Marcus Strasse 7
Tel.: +43-(0)2236/710 667
Fax: +43-(0)2236/710 667-30
Email: office@oekv.at

Polen
(DV) Zwiazek Kynologiczny w Polsce
ul. Nowy-Swiat 35
00 029 VARSOVIE
Tel. 00 48 / 228 26 05 74
Fax. 00 48 / 228 26 46 54

Rußland
Moscow Beagle Club
c/o Natalia M. Karpysheva,
Polikarpova Str. 25–23,
125284 Moscow,

(DV) Russian Kynological Federation
P.O.Box 35
125 424 MOSCOW
Tel. 00 7 / 095 490 60 89
Tel. 00 7 / 095 491 11 56
Fax. 00 7 / 095 491 11 56
http://www.rkf.org.ru
E-mail: rkf@rkf.org.ru

Schweden
Berit Uhlén-Svensson
Stabor Annabovägen 6,
430 33 Fjärås
Tel. 0300-54 51 12
Fax 54 51 46
Mobil 070-54 45 112
staborg@swipnet.se;

(DV) Svenska Kennelklubben
Rinkebysvängen 70
163 85 SPÄNGA
Tel. 00 46 / 8 795 30 00
Fax. 00 46 / 8 795 30 40
http://www.skk.se

Schweiz

Beagle Club Schweiz
Präsident
Rohner Billy
Rossweid 1
9030 Abtwil
bl.rohner@intellinet.ch;
6/2003

(DV)
Schweizerische Kynologische Gesellschaft
Société Cynologique Suisse
Langgassstrasse 8
Case Postale 8276
3001 BERNE
Tel. 00 41 / 31 306 62 62
Fax. 00 41 / 31 306 62 60
http ://www.hundeweb.org
E-mail: skg@hundeweb.org

Slowakische Republik

(DV) Slovenska Kynologicka Jednota
Stefanikova, 10
SK-811 05 BRATISLAVA
Tel. 00 421 / 7 5249 2298
Fax. 00 421 / 7 5249 2298
http://www.skj.sk
E-mail: kynologia@skj.sk

Spanien

(DV) Real Sociedad Central de Fomento de Razas Caninas en España
Lagasca 16, Bajo derecha
28001 MADRID
Tel. 00 34 91 / 426 49 60
Fax. 00 34 91 / 435 11 13 - 00 34 91 / 435 28 95
http://www.rsce.es
E-mail: administracion@rsce.es

Südafrika

(DV) Kennel Union of Southern Africa
P.O. Box 2659
CAPE TOWN 8000
Tel. 00 27 / 21 423 90 27
Tel. 00 27 / 21 423 90 28
Fax. 00 27 / 21 423 58 76
E-mail: kusa@iafrica.com

Tschechische Republik

Beagle Club ÈR
Mgr. VORLÍÈEK Cyril
K Vodárnì 1502
Dobøí, 263 01
mobil : 602 627 572
e-mail : predseda@beagleclub.cz
info@beagleclub.cz;
(DV) Ceskomoravská Kynologická Unie
U Pergamenky 3
170 00 PRAHA 7 - HOLESOVICE
Tel. 00/420.602.216.874
Tel. 00/420.266.712.827
Fax. 00/420.266.712.827
http://www.cmku.cz
E-mail: cmku@cmku.cz

Ungarn

(DV) Magyar Ebtenyésztök Orszagos Egyesülete
Tétényi út 128/b-130
1116 BUDAPEST
Tel. 00 36 1 / 208 23 01
Tel. 00 36 1 / 208 23 03
Fax. 00 36 1 / 208 23 07
http://www.meoe.net
E-mail: meoe@axelero.hu

USA

National Beagle Club of America
Geschäftsführerin:
Susan Mills Stone
PO Box 13, Middleburg, VA 22117

(DV) Direktorium:
AKC Headquarters
260 Madison Ave, NYC 10016
(212) 696-8200
Open 8:30-4:15 ET weekdays except holidays

Verwaltung:
AKC Operations Center
5580 Centerview Drive, Raleigh, NC 27606
(919) 233-9767

Deutschland

BRACE, A. H. 1999. Beagle heute. Kynos Verlag.

EBERHARDT, J. H. 1996. Das Beagle Portrait. Kynos Verlag.

SMITH, E. 2001. Mein gesunder Beagle. bede-Verlag.

Großbritannien und USA

Unter dem Stichwort ‚beagle' finden sich viele Titel. Einerseits, weil Charles M. SCHULTZ die großartige Comicserie ‚Snoopy, the beagle' gezeichnet hat, andererseits, weil das Forschungsschiff von Charles DARWIN ‚Beagle' getauft worden war. Schließlich gibt es noch einen englischsprachigen Romanautor namens Peter S. BEAGLE. Die nachfolgenden Titel beschäftigen sich mit der großartigen Hunderasse: dem Beagle.

ALLEN, L. K. o. J. The Beagle: Buying, Nutrition, Care, Behaviour, Health, Reproduction and Lots More. Ibooks.

ANDERSEN, A. C. 1970. Beagle as an Experimental Dog. Iowa State Pr. (Sd.).

BENNETT, W. A. et al. 1995. Beagle Training Basics: The Care, Training, and Hunting of the Beagle. Doral Publishing.

BOWERS, R. R. 2001. You Can't Spoil a Beagle: Well, Not Much. Xlibris Corporation.

CAMPBELL THORNTON, K. 2002. Complete Idiot's Guide to Beagles. Alpha Books.

COLOMBO, H. J. 1972. The New Complete Beagle. Howell Book House, New York, John Wiley & Sons.

DUNBAR, I. [Hrsg.] 1999. The Essential Beagle. Howell Book House, John Wiley, Chichester.

FOY, M. & NICHOLAS A. K. [Hrsg.] 1985. The Beagle. TFH Publications.

HANSEN, G. 1999. My Life as a Dog: The Many Moods of Lucy, the Dog of a Thousand Faces. Andrews McMeel Publishing.

KALLEN, S. A. 1998. Beagles. Abdo & Daughters Publishing.

KRAEUTER, K. 2001. Barron's Educational Series.

MARTIN, P. 2002. A Dog Called Perth: The Voyage of a Beagle. Orion Books, London.

MACMILLAN, G. 2002. Biography of a Beagle. Borealis.

MORGAN, D. 2002. The Beagle: An Owner's Survival Guide. Doral Publishing.

Mulvany, M. 2003. The Story of the Beagle (Dogs Throughout History). Power Kids Press.

Murray, J. 2002. Beagles. Abdo Publishing Company.

PALIKA, L. 2000. How to Train Your Beagle. TFH Publications.

PALIKA, L. & CAMPBELL THORNTON, K. 2000. Your Beagle's Life: Your Complete Guide to Raising Your Pet from Puppy to Companion. Prima Publishing.

RICE, D. 2000. The Beagle Handbook. Barron's.

ROTH, R. 1996. The Beagle: An Owner's Guide to a Happy, Healthy Pet. John Wiley, Chichester.

ELSEVIER, S. 1982. Neurologic Examination of Beagle Dogs in Toxicity Tests. Science Ltd.

SINGER, M. & OUBRERIE, C. 1997. It's Hard to Read a Map with a Beagle on Your Lap. Henry Holt & Company.

Vallila, A. 1999. Guide to Owning a Beagle (Popular Dog Library). Chelsea House Publications.

VRIENDS-PARENT, L. et al. 1995. Beagles: Everything about Purchase, Care, Nutrition, Breeding, Behavior, and Training. Barron's Educational Series.

WILCOX, C. 1998. The Beagle (Learning about Dogs). Capstone Press.

Dänemark

CHRISTENSEN, J. C. 1975. Beagle. Kopenhagen, Clausens Bøger.

CHRISTENSEN, J. C. 1985. Bogen om Beagle. Kopenhagen, Clausens Bøger.

Niederlande

VAN DER BORCH TOT VERWOLDE-HANEGRAAFF, BARONES, O. J. H. o. J. De Beagle. Best: Zuigroup BV, 19087.